*Tú, Dios mío,
alumbras mi oscuridad*

Universidad Bíblica Latinoamericana, UBL
Apdo 901-1000, San José, Costa Rica
Tel.: (+506) /2283-8848/2283-4498
Fax.: (+506) 2283-6826
E-mail: registro@ubl.ac.cr
www.ubl.ac.cr
Copyright © 2016

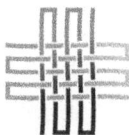

UNIVERSIDAD BÍBLICA
LATINOAMERICANA
PENSAR · CREAR · ACTUAR

Institución que da continuidad
a las labores educativas inicia-
das por el Seminario Bíblico
Latinoamericano desde 1923.

Tú, Dios mío, alumbras mi oscuridad

Un acercamiento a la depresión desde la experiencia cristiana

GERMÁN LÓPEZ-CORTACANS

Edición:
Dr. José E. Ramírez-Kidd

•

Diagramación/portada
Damaris Álvarez Siézar

•

Las frases destacadas
(al final con el símbolo •)
fueron tomadas de: Karen Katafiasz.
Contra la tristeza. Madrid: San Pablo. 1997.

•

COMITÉ EDITORIAL SEBILA:
M.Sc. Ruth Mooney (directora)
M.Sc. Mireya Baltodano
Dr. Jonathan Pimentel
M.Sc. David Castillo

•

ISBN 978-9977-958-78-1

•

•

Departamento de Publicaciones, UBL
San José, Costa Rica
Abril, 2016

Para Rosi, mi esposa

Tú, Señor, eres fiel con el que es fiel,
irreprochable con el que es irreprochable,
sincero con el que es sincero,
pero sagaz con el que es astuto.
Tú salvas a los humildes,
pero humillas a los orgullosos.
Tú, Señor, me das luz;
tú, Dios mío, alumbras mi oscuridad.
Con tu ayuda atacaré al enemigo,
y sobre el muro de sus ciudades pasaré.
El camino de Dios es perfecto;
la promesa del Señor es digna de confianza;
¡Dios protege a cuantos en él confían!
¿Quién es Dios, fuera del Señor?
¿Qué otro dios hay que pueda protegernos?
Dios es quien me da fuerzas,

Salmo 18, 16-32 (DHH)

AGRADECIMIENTOS

A nivel institucional quiero expresar mi agradecimiento a la profesora Ruth Mooney y al profesor José Enrique Ramírez, Universidad Bíblica Latinoamericana, San José, Costa Rica; su interés y estímulo han sido decisivos para la edición del libro. A Pedro Zamora, decano de la Facultad de Teología Protestante-SEUT, Madrid, España, le agradezco su apoyo incondicional desde el primer momento que le presenté el primer esquema de los contenidos del manuscrito.

También deseo señalar que la publicación de este libro ha sido posible gracias a un grupo de amigos que desde el principio me animaron a continuar hasta el final con mi proyecto: Joan Medrano, pastor de la iglesia evangélica de Sants, EEE-IEE, Rodrigo Segarra -*in memoriam*- Xavier Artigas església de Sant Pere, Gavà, Barcelona. Mi esposa, Rosi y mis hijos, Adrià, Berta, David, Yago y María -*In memoriam*-, les debo más de lo que ellos me han dado, son un regalo de Dios.

También quiero expresar mi agradecimiento más sincero a mis hermanas y hermanos en la fe que sufren una depresión mayor. Tengo la suerte y la bendición de conocer algunos de ellos. Hemos pasado tiempo juntos, hablando de sus luchas, dudas y temores y también de sus victorias. Me han explicado sus vivencias de sufrimiento en el *valle de sombra,* y como en medio de la *oscuridad* su confianza y esperanza en el Dios de la Vida ha cobrado su verdadera dimensión. Ellos y ellas son un ejemplo para mí en el seguimiento de Jesús de Nazaret.

Soli Deo honor et gloria

CONTENIDO

TABLAS

VERSIONES DE LA BIBLIA

La Versión que se utiliza en el libro es la de la Reina Valera de 1960, cuando se hace referencia a otra versión, se indica con su abreviatura.

Biblia la Palabra	(BLP)
Dios Habla Hoy	(DHH)
La Biblia de las Américas	(LBLA)
La Biblia: La Palabra de Dios para Todos	(PDT)
La Palabra (versión hispanoamericana)	(BLPH)
Nueva Biblia Latinoamericana de Hoy	(NBLH)
Nueva Traducción Viviente	(NTV)
Nueva Versión Internacional	(NVI)
Reina Valera Actualizada	(RVA)
Reina Valera Contemporánea	(RVC)
Reina-Valera 1960	(RVR 1960)
Traducción en lenguaje actual	(TLA)

PRÓLOGO

Tengo tres motivos para agradecer al autor de este libro, Germán López Cortacans, que me invitara a escribir la presentación de su obra. El primero es nuestra amistad, que nació ya en la juventud, y el segundo es que me ha obligado a leer un libro que, de otro modo, quizás no habría leído al faltarme tiempo para leer sobre temáticas distintas a las de mi área de especialidad, la exégesis bíblica. El tercero lo dejo para el final de este prólogo.

El autor presenta dos de las 'plagas' que marcan de modo patente nuestra sociedad moderna: la *depresión* y el síndrome *burnout* en el marco de las iglesias cristianas. Se trata de una temática poco estudiada en el ámbito cultural de habla hispana, a pesar de ambas dolencias golpean duramente dicho ámbito. En efecto, tanto el creyente 'de a pie' como al 'clero', esto es, el personal con algún tipo de dedicación al servicio de la iglesia en cualquiera de sus ministerios, se ven afectados por uno u otro trastorno, cuando no por ambas, ya que el *burnout* puede acabar en depresión, como nos expone el autor.

Pero a diferencia de lo que ocurre en el ámbito secular, que hoy día asume con relativa normalidad que la depresión es una enfermedad y el *burnout* es un síndrome que deben ser tratados, el ámbito eclesial todavía muestra resistencias en su seno a normalizar estos trastornos como tales. Y cuando digo el «ámbito eclesial» me refiero tanto al católico como al evangélico, si bien este último puede haber renovado con fuerza sus resistencias gracias a los movimientos más exaltados de renovación carismática que amarran la genuinidad de la fe a la salud física, psíquica y espiritual.

Por estas dos razones, por lo poco conocido del tema y por la confusión de conceptos con el que se aborda en algunos ámbitos eclesiales importantes, creo que el estudio que el lector tiene en sus manos es una obra oportunísima. Pero no sólo es oportuna, sino que además presta una gran contribución a las iglesias tanto por el formato asequible de su contenido como por la calidad del mismo.

Así es, esta obra recorre con un estilo ágil, preciso, claro y asequible los aspectos fundamentales de la depresión y el *burnout* que deben ser conocidos inexcusablemente desde su ángulo médico-psicológico antes de abordar su incidencia en el creyente. Pero esta misma cualidad estilística se muestra en el estudio de los efectos que ambos trastornos tienen sobre el creyente y su entorno comunitario (que incluye por supuesto la familia, pero también la comunidad de fe). Como resultado, creo que el lector apreciará sobremanera el haber podido recorrer una temática especializada sin grandes dificultades de comprensión. Por ello, creo que cerrará el libro con la satisfacción de haber aprendido. Y no sólo de haber aprendido una teoría, sino de haber interiorizado una visión que le permitirá abordar mejor el acompañamiento de quienes estén atravesando ese valle de sombras que son la depresión y el *burnout*.

Por otro lado, me parece importante señalar que, además de conceptos claros y precisos, el autor ofrece una suerte de repositorio bibliográfico y de recursos (algunos disponibles en la red) muy útil para quienes deseen seguir profundizando en el tema. Si bien es cierto que en castellano carecemos de la amplia red de recursos generados en inglés, hay algunos recursos importantes en nuestra lengua que han de ser conocidos. Y por supuesto, el creciente número de lectores de habla hispana que leen inglés encontrarán una amplia y bien estructurada bibliografía que les permitirá orientar su profundización personal sobre el tema.

Siendo lo anterior importante, no lo es tanto como el trata-miento que recibe el contenido. En efecto, el autor ha conseguido entrelazar con gran fluidez la descripción de la sintomatología de la depresión y el *burnout* con las experiencias cercanas a ambos trastornos plasmadas en el relato bíblico. Pero lo ha hecho de tal modo que tanto el diagnóstico y tratamiento psico-médico como el relato bíblico y el discurso teológico que sustenta guardan su autonomía. Por tanto, su entrelazamiento es un diálogo que se enriquece mutuamente, pero nunca una suerte de lo que yo llamaría 'concordismo psico-bíblico' por el que la parte psico-médica se convierte en simple instrumento servil de la letra del versículo bíblico. Como resultado de este diálogo bien elaborado, el lector neófito en la materia aprende acerca del tratamiento psico-médico, y el creyente habituado al texto bíblico o incluso el especialista en exégesis bíblica –como quien suscribe estas líneas– redescubre el texto a la luz de una experiencia humana más profunda. De hecho, creo que en el camino de la lectura el lector descubrirá algunos 'hitos' sobre los que vale la pena sentarse para meditar y orar.

Pero este diálogo entre la ciencia psico-médica y la teología, que acabo de presentar como altamente instructivo e incluso como devocional en algunos momentos, también va a deposi-tar en nuestra mente algunas semillas de inquietud; sobre todo inquietud sobre nuestra forma de vivir la fe y, en definitiva, nuestra forma de ser iglesia. En efecto, lo que parece un buen tratamiento de los aspectos fundamentales de dos trastornos importantes, poco a poco va sembrando algunas preguntas sobre la comunidad de fe que acoge a quienes los sufren. Sin duda, el autor aboga por la importancia de que la propia comunidad de fe esté bien capacitada para saber tratar debidamente a las personas depresivas o afectadas por el *burnout*; pero va más allá planteando la necesidad de ser radicalmente iglesia, esto es, ser una fraternidad real. La siguiente cita del punto 7.3. «Todos juntos compartiendo la Mesa de Gracia», me parece suficientemente ilustrativa de su propuesta:

> [...] la iglesia debe posicionarse firmemente en su llamado a ser una comunidad inclusiva y acogedora que pueda desarrollar formas alternativas de relación que puedan aceptar la diferencia sin patologizarla ni estigmatizarla. Es decir, **las etiquetas diagnósticas: "trastorno depresivo", "enfermo mental", "depresión mayor" no tienen ningún valor en el contexto comunitario y son sustituidas por hermano o hermana.**[1]

Sin duda, no se trata de hacer caso omiso de las patologías sufridas por algunos feligreses, pero sí de hacer que éstos sientan ante todo que son hermanos o hermanas, no 'pacientes' de su propia comunidad de fe. Pero claro está que esta propuesta conlleva redefinir el modelo 'asistencialista' imperante en muchas iglesias. En efecto, son muchas las iglesias que operan como una institución religiosa que, aparte de su actividad cúltico-doctrinal, presta servicios particulares a la sociedad de tipo educativo, sanitario, social, o de cualquier otro tipo. Pero llamar 'hermano' a la persona depresiva, o a la enferma, o a la persona sin techo, conlleva hacerla parte de la fraternidad que es la iglesia. La iglesia que hace sentir a quienes sufren que son verdaderos hermanos y hermanas de la misma, es la iglesia que realmente vive en el espíritu de su fundador, que inauguró su ministerio del Reino de Dios proclamando el «año de gracia» (Lucas 4,19) y lo prosiguió llevándolo a cabo con una acción terapéutica que, a su vez,

---

1 La negrita es mía.

fue continuada por la iglesia antigua que nació como una comunidad en la que el estatus de dador y receptor (aplicable a 'sano y enfermo') se disolvía en una fraternidad de iguales (Hechos 2,42-47).

Pero redefinir nuestro ser iglesia conlleva también que todos y cada uno de sus fieles nos preparemos para ser una fraternidad de iguales entre 'sanos' y 'enfermos' o entre 'auto-suficientes' y 'desposeídos', lo que significa no quedarse en el puro discurso teórico. Vivimos en una sociedad con una elevada sensibilización por la plena inclusividad en su seno, sin distingos de ningún tipo, de las personas. También algunas iglesias participan de esta sensibilidad. Sin embargo, no siempre acometen la necesaria inversión de esfuerzos y recursos para materializar su discurso dotando a sus comunidades y personal liberado (pastores, agentes de diversos ministerios, etc.) de la formación necesaria para transformarse en una fraternidad para los grupos excluidos. Por eso es vital la promoción de materiales como el que el lector tiene en sus manos, ya que sin ellos nuestra voluntad y compromiso de acogida fraterna podría quedarse en la mejor de las intenciones sin posibilidad de ulterior puesta en práctica.

Acabo mi presentación del libro con mi tercer motivo de agradecimiento al autor. Siempre que un estudiante de nuestra facultad ofrece un servicio valioso a la iglesia y a la sociedad, da a sus antiguos profesores un regalo vital, a saber: el aliento para renovar el compromiso con el ministerio de la docencia.

Pedro Zamora García
Decano de la Facultad de Teología SEUT
Madrid, Quinto día de la Cuaresma
(15 de febrero de 2016)

UNA INTRODUCCIÓN NECESARIA

Según la OMS[2] (Organización Mundial de la Salud) la depresión es una enfermedad frecuente en todo el mundo, y se calcula que afecta a unos 350 millones de personas. Se debe diferenciar la depresión de las variaciones habituales del estado de ánimo como la tristeza y de las respuestas emocionales breves a los problemas de la vida cotidiana que se deben enmarcar dentro de la normalidad. La depresión es un trastorno mental frecuente que se caracteriza por la presencia de tristeza, pérdida de interés o placer, sentimientos de culpa, falta de autoestima, trastornos del sueño y del apetito, sensación de cansancio y falta de concentración.

La depresión puede llegar a hacerse crónica y dificultar el desempeño de las actividades de la vida diaria. En su forma

---

2 Grupo de Trabajo sobre el Manejo de la Depresión Mayor en el Adulto. *Guía de Práctica Clínica sobre el Manejo de la Depresión Mayor en el Adulto.* Ministerio de Sanidad y Asuntos Sociales, Madrid, España, 2014.

más grave, puede conducir al suicidio. De tal modo, puede convertirse en un problema de salud serio, especialmente cuando es de larga duración e intensidad moderada a grave, generando un importante sufrimiento emocional, alterando y dificultando las actividades laborales, escolares y familiares. En el peor de los casos puede llevar al suicidio, que es la causa de aproximadamente un millón de muertes anuales.[3]

El libro que tiene en sus manos es para todas aquellas personas que están sufriendo una depresión y para sus familiares; además está destinado a todos aquellos que son sensibles y receptivos al sufrimiento emocional que origina la depresión. Tengo también en mente aquellos que ejercen una labor de cuidado fraternal (pastores, sacerdotes, capellanes hospitalarios, agentes de pastoral, diáconos)[4] con aquellos que están atravesando "el valle de sombras"; para ellos deseo que su lectura les ayude a desarrollar, aún más, una actitud empática para *"centrarse en el otro con desvelo y solicitud."*[5]

Asimismo, espero que este libro pueda servir a los profesores de teología pastoral y de teología práctica en su labor docente, con el fin de capacitar al estudiante en la reflexión sobre el impacto de la depresión en la vida del creyente, para que

---

3 Organización Mundial de la Salud. "Prevención del suicidio: un instrumento para trabajadores de atención primaria de salud." Ginebra: Departamento de Salud Mental y Toxicología, Organización Mundial de la Salud, 2000.

4 Preferimos el uso del lenguaje inclusivo en todo lo posible. Sin embargo, para evitar redundancias, nuestra referencia a los "pastores", en todos los casos, denota que reconocemos el ministerio pastoral ejercido por mujeres y hombres.

5 L. Boff, *El cuidado esencial: Ética de lo humano, compasión por la Tierra,* Madrid: Editorial Trotta, 2002, 73.

puedan desarrollar, en un futuro, las funciones prácticas de cuidado pastoral en sus iglesias.

Es posible que el lector se sorprenda del planteamiento de los contenidos descritos en el índice del libro, ya que algunos de los capítulos iniciales quizás se podrían suprimir o resumirlos en un pie de página para ir directamente al núcleo del libro: el abordaje de la depresión desde la perspectiva cristiana, que es el tema nuclear que nos interesa. Pero dada la complejidad y las causas multifactoriales de la depresión, entiendo que es necesario ampliar la perspectiva al máximo, para tener una amplia dimensión de lo que es la depresión mayor. De este modo, se proponen tres aproximaciones; así en la primera parte del libro se realiza un acercamiento a lo que es la depresión desde la clínica (sintomatología, diagnóstico, prevalencia, tratamiento); después nos acercamos desde la fenomenología a la comprensión, en la medida de lo posible, de los modos en que se *vive* y se *experimenta* la depresión.

Una vez hemos realizado estas dos miradas (la clínica y fenomenológica), estamos en condiciones de acercarnos a la depresión desde la fe en el Señor de la Vida. En esta aproximación a la "noche oscura del alma", nos acompañaremos, principalmente, de las experiencias de los salmistas, de cómo experimentaron su dolor emocional, perplejidad y soledad, pero también de su convicción de que Dios guarda y cuida a sus hijos e hijas.

La segunda parte del libro se centra en el desgaste emocional y en la depresión de los pastores/as. Un tema que permanece, la mayoría de las veces, oculto y velado, pero que está muy presente en nuestras iglesias, generando mucho sufrimiento emocional, aislamiento y ansiedad en nuestros pastores. Es por ello que es necesario abordar el tema profundizando en las múltiples causas que están en la base del problema, señalando las acciones necesarias para reducir o eliminar los síntomas negativos; para ello incidiré en dos áreas claves para iniciar la mejora: la esfera emocional y la vocacional.

Con el salmista nos postramos frente a Dios pidiendo su ayuda, mostrando nuestras limitaciones e incomprensiones frente al sufrimiento, la duda y la ansiedad. Por ello hacemos nuestra su súplica (70,6):

"Ven pronto, Dios mío;
tú eres mi ayuda y mi libertador,
¡no tardes, Señor!

◌◌◌◌◌

23 de agosto de 2014, hoy mi amigo Rodrigo Segarra habría celebrado su 70 cumpleaños. Su recuerdo y ejemplo vital permanecerá imborrable en mi corazón hasta que nos volvamos a ver en la casa del Padre.

PRIMERA PARTE:

VIVIENDO EN LA SOLEDAD
DEL *DESIERTO*

*El dolor es una de las cosas más sagradas
y humanas que te pueden acontecer.
Él te introducirá en el misterio
de vida…, muerte…
y resurrección.* ◆

1. CAMINANDO POR EL LABERINTO DE LA TRISTEZA

Respeta la influencia de la tristeza.
Admite que puede afectarte psicológica,
física y espiritualmente, y a veces con una
intensidad sorprendente. Procura ser
benévolo contigo mismo. ◆

Generalmente todas las personas a lo largo de la vida experimentamos momentos de tristeza y desinterés, acompañados de sentimientos de fracasos o pérdidas. Se puede afirmar que todos, en algún momento, hemos experimentado estos sentimientos y, por lo tanto, se pueden enmarcar dentro de las experiencias vitales del diario vivir. La alegría y la tristeza, en sus diversos grados, forman parte de nuestra realidad cotidiana. Dicho de otro modo, no hay ninguna persona que no haya experimentado en algún momento de su vida sentimientos de tristeza. La tristeza se presenta con diferentes intensidades y, dependiendo del ciclo vital en que se encuentre la persona, la experimentará de una forma más o menos intensa. Así por ejemplo, un adolescente puede vivir su primer desamor con una tristeza profunda que impregna toda su existencia, afectando incluso sus ritmos de sueño y alimentación.

Este malestar emocional que afecta nuestra alegría e ilusión por la vida se enmarca dentro de nuestra experiencia vital. El problema surge cuando queremos etiquetar este malestar y para ello utilizamos términos inapropiados como "depresión". El término "depresión" se utiliza de forma indiscriminada e incorrecta para describir cualquier estado de ánimo que está relacionado con la tristeza. Por ejemplo, expresiones como: "estoy depre", "tengo depresión post vacacional", "la depresión del lunes", etc. forman parte del vocabulario habitual y también son utilizadas por los medios de comunicación para definir cualquier tipo de ánimo triste que forma parte del proceso adaptativo a nuevas situaciones o a realidades displanceteras, pero que no se deben enmarcar dentro de la esfera psicopatológica.

De este modo, como veremos más adelante, la frontera entre la tristeza adaptativa y la tristeza profunda, propia de la depresión, se difuminan y se confunden como una sola entidad. El resultado de esta confusión es la incapacidad de entender el estado emocional de nuestro interlocutor; de tal modo que cuando nos explica que está deprimido, no sabemos exactamente lo que nos quiere decir: si su estado forma parte de una reacción normal ante una adversidad o por el contrario sufre una tristeza profunda y prolongada, que le impide la realización de las actividades cotidianas y que precisa de ayuda profesional.

Es por ello que resulta del todo imprescindible saber diferenciar qué se entiende por una tristeza común y qué es un estado depresivo, para ello realizaremos una aproximación del significado de la tristeza para después realizar un diagnóstico diferencial con la depresión mayor.

1.1 *Una aproximación al significado de la tristeza*

La tristeza tiene una doble función positiva: un papel protector y un papel restaurador. En su vertiente protectora, nos permite establecer medidas de autoprotección que reduzcan la vulnerabilidad ante situaciones adversas que superan nuestros recursos personales: la pérdida de trabajo, la muerte de un amigo, una enfermedad, el traslado a otro país, etc. Es por ello que la tristeza es una respuesta emocional congruente ante un hecho que provoca dolor emocional. Pero la tristeza no sólo está relacionada con acontecimientos negativos que nos afectan directamente, también nos sentimos tristes ante el sufrimiento y dolor emocional de los demás, de tal modo que establecemos puentes de empatía y solidaridad con el que sufre.

En estos momentos, escribo estas líneas en una semana trágica para una iglesia metodista de los EEUU, donde un hombre armado ha asesinado a nueve miembros de una iglesia que estaban en una reunión de oración y estudio bíblico. Las imágenes de familiares y amigos llorando en el funeral nos impactan, nos sentimos tristes y de algún modo, su dolor es el nuestro, nos solidarizamos con su dolor y lágrimas. A pesar de no tener ningún lazo de amistad con estas personas, nos sentimos cercanos a su sufrimiento y nos sentimos tristes.

De lo dicho hasta ahora, podemos afirmar que la tristeza nos hace más humanos, más cercanos y sensibles al sufrimiento propio y ajeno. Sentir el dolor emocional de los demás nos permite establecer puentes de empatía y amistad. Ante una situación adversa, la tristeza nos ayuda a reflexionar acerca de lo que nos ha acontecido, nos permite aprender de los errores, nos interpela a reflexionar y a planificar nuevos objetivos en nuestras vidas. En definitiva, la tristeza nos ayuda a madurar, a ser más reflexivos, a tomar conciencia de nuestros actos y emociones. Ello no significa que busquemos situaciones que nos provoquen tristeza, porque eso sería una actitud sin sentido; pero por otra parte, tampoco debemos caer en el otro extremo: huir de cualquier situación que nos genere tristeza. Como se ha señalado anteriormente, la tristeza forma parte de nuestra vida, de nuestras experiencias vitales más profundas, y no debemos excluirla; debemos integrarla y gestionarla emocionalmente.

1.2 *Diferencias entre tristeza y trastorno depresivo mayor: una breve aproximación conceptual*

Una vez que hemos descrito la tristeza como una emoción que nos ayuda a adaptarnos a las adversidades de la vida y que la podemos catalogar como normal, estamos en condiciones de dar un paso más y describir qué entendemos por depresión. En una primera definición, podemos afirmar que cuando la tristeza es excesiva en intensidad y duración, e impide a la persona realizar las actividades cotidianas impregnándola de sentimientos de inutilidad y culpabilidad, podemos empezar a pensar en un cuadro de depresión mayor.

La posibilidad diagnóstica de un trastorno depresivo se suele plantear a partir de datos observacionales, como el deterioro en la apariencia y en el aspecto personal, donde se percibe descuido por la imagen; la persona está enlentecida, como si hablase y se moviese en cámara lenta; su tono de voz es bajo y poco expresivo; su cara expresa tristeza; llora de forma espontánea y verbaliza ideas pesimistas (culpa, hipocondría, ruina…); muestra alteraciones del sueño y quejas somáticas inespecíficas. La base para distinguir estos cambios patológicos de los ordinarios, viene dada por la persistencia de la clínica, su gravedad, y el grado de deterioro funcional y social.

Preguntas para la reflexión

1. ¿Es la tristeza una emoción necesaria para el mantenimiento de las relaciones humanas?
2. ¿La tristeza nos hace más solidarios y más empáticos? Relacione su respuesta con vivencias personales y/o grupales.
3. "La madurez personal pasa por la experimentación de crisis que están relacionadas con estados de tristeza". ¿Está de acuerdo con esta afirmación? ¿Puede poner algún ejemplo de una vivencia personal?

2. ¿QUÉ ENTENDEMOS
POR DEPRESIÓN MAYOR?

*Prepárate para experimentar varias etapas
en tu dolor: conmoción, aturdimiento,
negación, depresión, confusión, temor
rabia, amargura, culpabilidad, rechazo,
aceptación, esperanza. Pueden aparecer
en cualquier orden y en cualquier
número de ocasiones.* ◆

La depresión mayor[6] (DM) es un síndrome o conjunto de síntomas en el que predominan los síntomas afectivos y en mayor o menor grado, también síntomas de tipo cognitivo, volitivo o incluso somático.[7] El eje nuclear afectivo de la DM es la tristeza vital profunda, que envuelve a la persona en todas las áreas de su vida, afectando sus relaciones personales y laborales. Esta tristeza no es puntual o pasajera, por el contrario se va incrementando con el paso de los días, deteriorando e interfiriendo en el quehacer cotidiano de la persona. Según el DSM IV (*Diagnostic and Statistical Manual of Mental Disorders),* para cumplir los criterios de un episodio depresivo mayor debe presentarse cinco o más síntomas durante un período de 2 semanas, y que representan un cambio importante respecto a la actividad previa (anexo 1).

Como consecuencia de este estado de ánimo, la persona deprimida se encuentra sumida en el pesimismo y no encuentra motivos para la alegría; toda su percepción de la realidad está teñida de oscuridad y no se deslumbra ningún

---

6 En la literatura especializada para referirse a la depresión se utilizan términos más específicos como depresión mayor para indicar la gravedad de los síntomas.

7 D.I. Kupfer, E. Frank, M.L. Phillips, "Major depressive disorder: new clinical, neurobiological, and treatment perspectives" *Lancet* 379 (2011) 1045–1055.

horizonte de salida; se pierde la ilusión por su familia; el trabajo y las actividades de la vida diaria le exigen un sobreesfuerzo que, en la mayoría de ocasiones, no puede asumir. Las relaciones personales que antes eran motivo de disfrute, ahora se evitan; la capacidad de rendimiento va disminuyendo progresivamente hasta llegar, en los casos de depresión severa, a la abulia y la apatía total, en donde la persona se ve incapaz de realizar cualquier actividad.[8]

La edad de inicio más frecuente, aunque ésta varía en diferentes estudios, se establece entre los 30 y 40 años, y alcanza la máxima incidencia entre los 18-44 años.[9] En un reciente meta-análisis, se señala que la DM en la tercera edad tiene un predominio de los síntomas somáticos mientras que los sentimientos de culpa y pérdida del deseo sexual son más prevalentes entre los jóvenes.[10] Los trastornos depresivos entre los adolescentes tienen a menudo un curso crónico y con altibajos, y existe un riesgo entre dos y cuatro veces superior de persistir la depresión en la edad adulta.[11]

Debido a su evolución clínica, la DM tiene una probabilidad de recurrencia, es decir de volver a sufrir un episodio depresivo en los primeros meses del 13%, hasta el 85% en los quince

---

8 R. C., Kessler, et al. "The epidemiology of major depressive disorder: results from the National Comorbidity Survey Replication (NCS-R)" *Journal of the American Medical Association* 289 (2003) 3095–3105.

9 D. Regier et al. "One-month prevalence of mental disorders in the United States. Based on five Epidemiologic Catchment Area sites", *Archives of General Psychiatry* 45(1988) 977–986.

10 J.M Hegeman, R.M Kok, R.C Van Der Mast, E.J Giltay, " Phenomenology of depression in older compared with younger adults: meta-analysis", *British Journal of Psychiatry,* 200 (2012) 275–281.

11 D.S.Pine, E.Cohen, J.Brook, "Adolescent depressive symptoms as predictors of adult depression: moodiness or mood disorder? ", *The American journal of Psychiatry*, 156(1999), 133–135.

años siguientes[12], con un riesgo de presentar un segundo episodio del 50% en los dos años siguientes al primero, y un riesgo del 80-90% de presentar un tercer episodio después del segundo[13] ; debido a estas recurrencias la depresión tiende a presentar nuevos episodios y a cronificarse. Diversos estudios señalan que las tasas de discapacidad asociadas a depresión son mayores que las producidas por otras enfermedades crónicas como la diabetes, hipertensión arterial, artritis o el dolor de espalda.[14]

En Estados Unidos alrededor del 50% de las causas de discapacidad temporal por enfermedad psiquiátrica, en población trabajadora, corresponden a depresión y los días de trabajo perdidos por depresión en el mismo país representan alrededor de un 40%.[15] En un estudio sobre el coste económico de la depresión en Europa, los autores desarrollaron un modelo de costes donde se combinaban datos epidemiológicos de la depresión con datos de instituciones internacionales europeas.[16] Del estudio se resalta que el coste total de la depresión en Europa es de unos 118 billones de euros, y la mayor parte

12 T.L. Mueller et al., "Recurrence after recovery from major depressive disorder during 15 years of observational follow-up", *American Journal of Psychiatry*, 156 (1999) 1000–1006.

13T. Kanai et al., "Time to recurrence after recovery from major depressive episodes and its predictors", *Psychological Medicine*, 33 (2003) 839–845.

14 J.P Lépine, M. Gastpar, J. Mendlewicz, A. Tylee, "Depression in the community: the first pan-European study DEPRES (Depression Research in European Society)". *International Clinical Psychopharmacology,* 12(1997) 19–29.

15 C.S. Dewa, P.Goering, P. E. Lin, M. Paterson, "Depression-related short-term disability in an employed population", *Journal of Occupational and Environmental Medicine,* 44 (2002) 628-633.

16 P. Sobocki, B. Jönsson, J. Angst, J. C. Ehnberg, C. "Cost of depression in Europe", *Journal of Mental Health Policy and Economy,* 9 (2006) 87–98.

de esta cifra se debe a los costes indirectos referidos a bajas por enfermedad y pérdidas de productividad.

Por lo expuesto, concluimos que la depresión mayor interfiere gravemente en la vida de la persona, afectando sus relaciones personales y laborales. Por ello, referirnos a la depresión como sinónimo de debilidad emocional, carácter débil o falta de voluntad del individuo es incorrecto y además nocivo para la persona que sufre una depresión; ya que ella no puede mejorar o eliminar los síntomas depresivos por su propia voluntad, del mismo modo que el paciente diabético o hipertenso, por ejemplo, no puede hacer desaparecer la enfermedad por propia iniciativa.

2.1 Causas de la depresión mayor

Aunque las causas de la DM son desconocidas, parece que diferentes factores podrían intervenir en su aparición como: factores genéticos, disfunción de los neurotransmisores cerebrales, vivencias de la infancia, situaciones de estrés psicosociales y aspectos de la personalidad.[17] También podrían jugar un papel importante como factores de riesgo en el desarrollo de una depresión, las dificultades en las relaciones sociales, el género, el estatus socio-económico o disfunciones cognitivas; es por ello que lo más probable sea una interacción de factores biológicos, psicológicos y sociales.[18] Del mismo modo, se desconoce el peso de cada uno de los factores y

---

17 R. Butler, et.al. "Depressive disorders" *American Family Physician* 73 (2006) 1999–2004.

18 A. Serrano-Blanco, et al., "Prevalence of mental disorders in primary care: results from the diagnosis and treatment of mental disorders in primary care study (DASMAP)", *Social Psychiatry and Psychiatric Epidemiology* 45(2009) 201–210.

circunstancias que pueden propiciar una depresión[19]. Es decir, no existe un modelo explicativo que nos indique de que formas diferentes factores (sociales, personales, genéticos, biológicos, económicos, familiares, etc.) interactúan entre sí para dar lugar a un trastorno depresivo.

Como ejemplo de la interacción entre varios factores que pueden explicar el trastorno depresivo, destacamos el estudio realizado por Melchior[20] con el seguimiento de un grupo de 12.650 de personas con estabilidad laboral, examinando la asociación entre la posición socioeconómica, por categoría ocupacional, y los episodios de depresión durante 13 años. Del estudio se desprende que los individuos que pertenecen a grupos socioeconómicos desfavorecidos tienen índices más altos de depresión, indicando que el riesgo de depresión sigue una gradiente socioeconómica, especialmente cuando el trastorno es crónico.

2.2 Criterios diagnósticos de depresión

Los criterios diagnósticos de depresión más utilizados, tanto en la clínica como en la investigación, son los de la Clasificación Estadística Internacional de Enfermedades y Problemas Relacionados con la Salud (CIE), y los de la clasificación de la *American Psychiatric Association* (DSM) (anexo 1). La CIE-10 utiliza una lista de 10 síntomas depresivos y divide el cuadro depresivo mayor, en leve, moderado o grave. En cualquiera de estos casos siempre deben estar presentes al

---

19 R.B. Lieb, M. Hofler, H. Pfister, H. Wittchen, "Parenteral major depression and the risk of depression and other mental disorders in offspring: a prospective-longitudinal community study", *Arch Gen Psychiatry* 59 (2002) 365-74.

20 M. Melchior, et al.," Socioeconomic position predicts long-term depression trajectory: a 13-year follow-up of the GAZEL cohort study", *Molecular Psychiatry*, 18 (2013) 112–121.

menos dos de los tres síntomas considerados típicos de la depresión: ánimo depresivo, pérdida de interés y capacidad para disfrutar; aumento de la fatiga; y el episodio debe durar al menos dos semanas.

2.3 *Riesgo de suicidio en la depresión*

La depresión es uno de los factores más relacionados con la conducta suicida, siendo ésta el resultado de la confluencia de un gran número de situaciones y factores que se combinan entre sí para generar un abanico que va desde la simple ideación pasajera hasta el suicidio consumado. Las variables que intervienen en la producción de la conducta suicida son muchas, e incluyen factores biológicos, así como variables sociodemográficas, psiquiátricas y psicosociales.

La DM es el trastorno mental más comúnmente asociado con la conducta suicida, suponiendo un riesgo de suicidio 20 veces mayor respecto a la población general. Aparece en todos los rangos de edad, aunque existe un mayor riesgo cuando su comienzo es entre los 30 y los 40 años. La OMS asume que entre el 65-90% de los suicidios e intentos de suicidio se relacionan con algún grado de depresión.[21] Esta asociación de los trastornos depresivos con el riesgo de suicidio se ha mostrado estadísticamente significativa, sobre todo en poblaciones de edad avanzada y más en mujeres que en hombres, aunque para este último análisis el número de estudios fue pequeño.

El suicidio representa un grave problema de Salud Pública con alrededor de un millón de muertes anuales en todo el mundo o, dicho de otro modo, cada año se suicidan 14,5 personas de cada 100.000.[22] Además, sus repercusiones en el en-

---

21 Ver referencia bibliográfica número 3.
22 Commission of the European Communities. *The state of the Mental*

torno son muy importantes, ya que las vidas de los allegados se ven profundamente afectadas a nivel emocional, social y económico. En este sentido, los costes económicos asociados al suicidio se han estimado en EE.UU. en unos 25 000 millones de dólares anuales, entre gastos directos e indirectos.

En la actualidad, el suicidio se sitúa entre las quince primeras causas de muerte en el mundo y en algunos países es la segunda causa en el grupo de edad de 10 a 24 años y la tercera en los de 15 a 44. Su tendencia es ascendente, estimándose que en 2020 la cifra de suicidios consumados será de 1,53 millones. Sin embargo, los diferentes procedimientos de registro, así como los valores sociales y las prácticas culturales de cada país probablemente tienen efecto en el registro de defunciones y pueden conducir a errores de cuantificación del suicidio.

Según datos del Instituto Nacional de Estadística (INE), en España se suicidan nueve personas al día, siendo el número de varones (78,31%) tres veces más alto que las mujeres (22,56%). Aunque las tasas de suicidio se sitúan entre las más bajas de Europa, hasta el año 2003 parecía existir en nuestro país una evolución ascendente. Sin embargo, a partir de 2004 la tendencia es estable o descendente, al igual que en Europa.[23]

2.4 Abordaje y tratamiento de la depresión

En las últimas décadas, la investigación en el campo de la psicoterapia ha ido en aumento, y de forma paralela, las guías de práctica clínica sobre depresión son consistentes en la recomendación de su empleo, sobre todo de aquellas intervenciones desarrolladas específicamente para el trata-

---

Health in the Europe. European Communities, 2004.

23 J.M, Bertolote, A. Fleischman, "A global perspective in the epidemiology of suicide" *Suicidologi 7 (*2002) 6-8.

miento de la depresión.[24] Según la *European Association for Psychotherapy* (EAP)[25], la psicoterapia podría definirse como un tratamiento o intervención terapéutica integral, deliberada y planificada, basada en una formación amplia y específica en alteraciones del comportamiento, enfermedades o necesidades más amplias de desarrollo personal relacionadas con causas y factores psicosociales y psicosomáticos. Para ello utiliza métodos psicoterapéuticos científicos con el objetivo de mitigar o eliminar los síntomas, cambiar actitudes y patrones de comportamiento alterados, y favorecer un proceso de madurez, desarrollo, salud mental y bienestar.

La terapia cognitiva, desarrollada originalmente por A.T. Beck y formalizada a finales de los años 70 para ser aplicada en la depresión, ha resultado ser la modalidad de terapia psicológica más frecuentemente estudiada en este trastorno.

---

24 Una descripción exhaustiva de los diferentes tipos de psicoterapias y de su eficacia en el tratamiento de la depresión excede los objetivos de este capítulo. Para el lector interesado en ampliar el tema, le remitimos a las siguientes lecturas: P. Cuijpers et al. "Efficacy of cognitive-behavioural therapy and other psychological treatments for adult depression: meta-analytic study of publication bias", *Br J Psychiatry* 196 (2010) 173-178; J. Barth et al "Comparative efficacy of seven psychotherapeutic interventions for patients with depression: a network meta-analysis", *PLoS Med* 10 (2013) 100-114; P. Cuijpers P, A. Van Straten, G. Anderson , P. Van Oppen;" Psychotherapy for depression in adults: A meta-analysis of comparative outcome studies", 76 (2008) 909–922; J. Van Aalderen , A. Donders, F. Giommi, P. Spinhoven , H. Barendregt, A. Speckens, "The efficacy of mindfulness-based cognitive therapy in recurrent depressed patients with and without a current depressive episode: A randomized controlled trial*",* *Psychol Med 42* (2012) 989-1001.

25 A Project of the European Association of Psychotherapy (EAP). *The professional competencies of a European psychotherapist.* (En línea). http://www.europsyche.org/download/cms/100510/Final-Core-Competencies-v-3-3_July2013.pdf . (Consulta: 12 de septiembre de 2014).

La intervención se centra en la modificación de conductas disfuncionales, pensamientos negativos distorsionados asociados a situaciones específicas y actitudes desadaptativas relacionadas con la depresión. El terapeuta adopta un estilo educativo, buscando la colaboración del paciente, de manera que pueda aprender a reconocer sus patrones de pensamiento negativo y reevaluarlos.

Este enfoque requiere que el paciente practique sus nuevas habilidades entre sesiones mediante tareas para casa y ensaye nuevas conductas. Habitualmente la terapia cognitiva incluye más o menos técnicas conductuales; de ahí la denominación de terapia cognitivo-conductual (TCC). Por otra parte, bajo la denominación de TCC existe una gama diferente de intervenciones que comparten la asunción teórica básica de que la mayor parte de la conducta humana es aprendida y que la actividad cognitiva determina el comportamiento.

2.4.1 ¿Cuándo iniciar el tratamiento psicofarmacológico?

En el caso de la depresión leve, la Guía de Práctica Clínica de manejo de la depresión[26] recomienda preferentemente el empleo de psicoterapia como norma general en el tratamiento de la depresión. En los pacientes que se tratan sólo con psicoterapia, si no se ha obtenido respuesta tras tres meses, debe iniciarse un antidepresivo como parte de una terapia combinada. Dicha terapia combinada con psicofármacos y psicoterapia estaría indicada desde el inicio en los pacientes con depresión moderada y grave.

Los antidepresivos son fármacos eficaces para el tratamiento de la depresión, tanto para la fase aguda, como para la prevención de recaídas. La eficacia del tratamiento farmacológico de la depresión mayor en los adultos está bien documenta-

---

26 Ver referencia bibliográfica número 2.

da,[27] aunque existe controversia sobre qué antidepresivo es el más idóneo. En general, cuanto más graves son los síntomas de depresión más beneficio produce el tratamiento farmacológico.

Aunque no se sabe con certeza, se cree que los antidepresivos funcionan incrementando la actividad de ciertas substancias químicas cerebrales conocidas como neurotransmisores. Estos pasan señales de una célula cerebral a otra. Las substancias químicas principalmente relacionadas con la depresión parecen ser la serotonina y la noradrenalina. Los medicamentos utilizados para tratar la depresión actúan aumentando la cantidad de neurotransmisores disponibles, principalmente impidiendo su recaptación por la propia célula nerviosa o bien impidiendo que actúen sobre determinadas proteínas receptoras.

El riesgo de recaída y de recurrencia en la depresión mayor es elevado, por lo que es importante definir el tiempo que debe mantenerse el tratamiento farmacológico tras la recuperación de un episodio. Diferentes estudios han demostrado que el mantenimiento del tratamiento farmacológico previene eficazmente la recurrencia de los síntomas depresivos, aunque no se han encontrado factores predictores del riesgo de recaí-

---

27 De la abundante bibliografía destacamos: S.V. Parikh, et al. "Canadian Network for Mood and Anxiety Treatments (CANMAT) clinical guidelines for the management of major depressive disorder in adults. II. Psychotherapy alone or in combination with antidepressant medication", *J Affect Disord 117 (2009)* 15-25; G. Anderson, et al. "Evidence-based guidelines for treating depressive disorders with antidepressants: a revision of the 2000 British Association for Psychopharmacology guidelines", *J Psychopharmacol* 22 (2008) 343-96.; A. Cipriani, et al., "Comparative efficacy and acceptability of 12 new-generation antidepressants: a multiple-treatments metaanalysis." *Lancet* 373 (2009) 746-58.; N.J Wiles et al. "Severity of depression and response to antidepressants: GENPOD randomized controlled trial" *Br J Psychiatry* 200 (2012) 130-136.

da.[28] En general, los pacientes que abandonan el tratamiento antidepresivo tienen mayor riesgo de recurrencia que los que continúan con él. Sin embargo, cuanto más se prolonga el tratamiento, menor es la diferencia en el riesgo de recurrencia, es decir, el beneficio de prolongar el tratamiento va disminuyendo con el tiempo. Por este motivo, supone un reto importante ajustar para cada tipo de paciente el tiempo de duración del tratamiento tras la recuperación.

2.5 Depresión y redes sociales de apoyo: una aproximación desde la perspectiva de género[29]

En el informe de la OMS Salud y Género[30], se señala que el trastorno depresivo mayor es la primera causa de la carga de morbilidad en las mujeres de edad reproductiva, de 18

---

28 R.A Van Grieken, et al., "Patients' perspectives on how treatment can impede their recovery from depression" 167 (2014) 153-159.

29 Recordemos que el sexo se refiere a las diferencias biológicas entre hombres y mujeres, y que el género, a su vez, alude al significado social construido en torno a dichas diferencias en contextos históricos y sociales particulares. Así pues, el género como categoría hace referencia a una construcción simbólica mediante la cual ciertas características son atribuidas como pertenecientes a uno u otros sexos, lo que la configura como un eje fundamental de la formación de la identidad subjetiva y de la vida social. Lo "masculino" se ha considerado históricamente superior a lo "femenino", y las mujeres han sido ubicadas en una posición de vulnerabilidad (receptiva y pasiva) frente a los hombres (activos y agresivos). Esto ha propiciado una construcción de lo que podemos denominar una subjetividad "femenina" o "masculina", de manera tal que los comportamientos del sujeto mujer u hombre se perciben como atributos "naturales" que emanan de su fisiología corporal.
De la abundante bibliografía destacamos: E.G. Gómez,"Equidad, género y salud: retos para la acción", Rev Panam Salud Pública 11 (2002) 455-461; G. Sen, P. Östlin, "Incorporar la perspectiva de género en la equidad en salud: un análisis de la investigación y las políticas", Pan American Health Org, 14 (2005); L. Ramos-Lira, "¿Por qué hablar de género y salud mental?", Salud Mental 37 (2014) 275-281.

30 WHO, Gender and mental health, 2002.

a 44 años, en países desarrollados y en vías de desarrollo. En España, la Encuesta Nacional de Salud,[31] realizada en el año 2006 por el Ministerio de Sanidad y Consumo, señala que un 14,7% de la población adulta de 16 y más años presenta depresión, ansiedad y otros trastornos mentales. La prevalencia según el sexo muestra un 8,69% para el género masculino, y un 20,49% para el género femenino.

También se debe destacar la creciente carga de trastornos mentales que afecta las poblaciones de América Latina y el Caribe. Así, en una investigación realizada con población de América Latina y el Caribe entre 1980 y 2004, se señala que la frecuencia de la depresión fue también casi el doble en mujeres.[32] Dada esta prevalencia superior de depresión en mujeres respecto a los hombres en todos los estudios epidemiológicos, es necesario señalar que, a pesar de que la depresión es un trastorno multifactorial, su etiología no puede ser disociada de los contextos sociales que enmarcan nuestras vidas. Es por este motivo que en las últimas tres décadas, el estudio de los factores etiológicos de la depresión se ha caracterizado por una redefinición de las identidades y las relaciones de género.

2.5.1 Factores etiológicos de los trastornos de ánimo: un acercamiento con ojos de mujer

A pesar de que la depresión es un trastorno multifactorial, su etiología no puede ser disociada de los contextos sociales, económicos y culturales que enmarcan nuestras vidas. Podríamos decir que la depresión se ha convertido en una

---

31 Ministerio de Sanidad y Consumo, *Encuesta Nacional de Salud*, Madrid, 2006.

32 R. Kohn, et al.," Los trastornos mentales en América Latina y el Caribe". *Rev Panam Salud Publica* 18 (2005) 229-239.

enfermedad "globalizada", debido en gran parte, a las condiciones de vida desfavorables y a las desigualdades del mundo contemporáneo. De este modo, la inseguridad y el paro laboral, la competencia profesional desmedida, la pobreza y las migraciones son problemas que afectan más a las mujeres que a los hombres y que se enmarcan en el fenómeno de la globalización, el cual impacta no solamente la economía y el desarrollo social, sino también la esfera cultural y la redefinición de las identidades y los roles de género. Por ello, estamos de acuerdo con Lazarevich cuando afirma:[33]

> "La perspectiva de género representa una herramienta de análisis útil en la explicación de la distribución diferenciada por sexo de las psicopatologías; asimismo, dicha perspectiva puede contribuir a la reconstrucción de las identidades de género, tanto femenina como masculina, y aportar elementos para buscar formas nuevas y más saludables de enfrentar o paliar problemas psicopatológicos específicos de nuestra época."

Desde este planteamiento, es preciso ampliar nuestra perspectiva y acercarnos a la depresión con *ojos de mujer*. De este modo, esta mirada nos permitirá aproximarnos al trastorno depresivo como una entidad compleja en la que intervienen diversos factores, de ahí que los intentos de explicación de la etiología de la depresión provienen de diferentes campos de investigación, desde el más estrictamente biológico hasta el más puramente social. De lo dicho se desprende que el acercamiento de la depresión, especialmente en las mujeres, debe contemplar una perspectiva global, sólo de este modo podremos entender la depresión desde una perspectiva con *ojos de mujer*. De forma breve, realizamos una descripción de estos factores.

---

33 I. Lazarevich, F. Mora-Carrasco, "Depresión y género: factores psicosociales de riesgo" *Segunda época* 4 (2008) 8-16.

a) *Factores biológicos*

Diversos estudios sugieren que los cambios hormonales que sufre la mujer en determinados períodos de su vida justifican su mayor vulnerabilidad a la depresión. Esta hipótesis es potenciada por el hecho de que las mujeres parecen más proclives a la depresión en las épocas en que sufren los cambios hormonales más significativos (período premenstrual, postparto y menopausia) y porque las diferencias en la prevalencia comienzan después de la pubertad. Aunque encontramos abundante bibliografía que sostiene la relación entre depresión y cambios hormonales, hay autores que cuestionan este planteamiento porque está diseñado desde un modelo biomédico que excluye otros efectos explicativos.

b) *Factores psicológicos y sociales*

Hammarström, et. al.,[34] en un análisis de 82 estudios que relacionaban género y depresión, encontró que la mayoría eran explicados desde un modelo biomédico centrado especialmente en los cambios hormonales y en una proporción mínima de estudios se utilizaban modelos socioculturales y psicológicos. Estos autores proponen que el abordaje de la depresión en mujeres se debería realizar desde una perspectiva más amplia, dando relevancia a la investigación cualitativa. Es por ello que en las últimas décadas, los estudios cualitativos han cobrado especial relevancia. Estos estudios intentan comprender la experiencia de la enfermedad en su totalidad, no como un proceso patológico, sino como una experiencia de síntomas y sufrimientos donde interactúan factores biológicos, culturales, sociales y psicológicos que pueden favorecer y desarrollar la aparición de la depresión.

---

34 A. Hammarström, A. Lehti, U. Danielsson, C. Johansson, " Gender-related explanatory models of depression: a critical evaluation of medical articles", *Public Health* 10 (2009) 689-93.

Dos características de la personalidad que se presuponen más frecuentes en la mujer, podrían contribuir a su mayor vulnerabilidad a la depresión: La mujer basa más que el hombre su autoestima en sus relaciones con los demás. Se considera que las mujeres son menos asertivas, tienen menos autoconfianza y sus expectativas en relación a sus capacidades para controlar situaciones importantes son menores.[35]

Los datos epidemiológicos aportan evidencias a favor del papel de los factores sociales en la mayor vulnerabilidad femenina para la depresión: status matrimonial y laboral, número de hijos pequeños en casa. Es conocido que un factor de riesgo para la depresión es estar al cuidado de tres o más niños menores de 14 años.[36] Los porcentajes de depresión son menores en las mujeres solteras que en los hombres solteros y mayores en las mujeres casadas que en los hombres casados.[37]

Otros estudios señalan que cuanto más estereotipada sea la feminidad, mayor predisposición tendrá a la depresión, mientras que los rasgos de masculinidad y la propia masculinidad previenen contra la misma. Esta relación alcanza mayores proporciones en mujeres de población rural. Las mujeres que reúnen los siguientes atributos son las que presentan la mayor vulnerabilidad para la depresión:[38]

---

35 E. Dio, "La depresión en la mujer" *Rev. Asoc. Esp. Neuropsiq* 39 (1991).

36 E. Busquets, "Diferencias de género en el trastorno depresivo mayor", *Revista Electrónica de Psiquiatría*. 3 (1999).

37 S. Berenzon, T. M Medina, "Variables demográficas asociadas con la depresión: diferencias entre hombres y mujeres que habitan en zonas urbanas de bajos ingresos", *Salud mental*, 28 (2005).

38 I. Gaminde, M. Uria, D. Padro, I. Querejeta, A. Ozamiz, "Depression in three populations in the Basque country--a comparison with Britain", *Soc Psychiatry Psychiatr Epidemiol* 28 (1993) 243-251.

a. El estereotipo de la feminidad con ausencia de todo atributo positivo de masculinidad (ambiciones, confianza en sí misma).

b. Presencia de los atributos más negativos de la feminidad (dependencia y sumisión).

c. Ausencia de los atributos positivos de la feminidad (simpatía y disponibilidad).

Desde esta perspectiva, que tiene en cuenta las condiciones de estructuración de la subjetividad femenina, Weissman[39] señala que la mujer presenta más trastornos depresivos en épocas en las que tiene mayores posibilidades de desarrollo personal, unas aspiraciones crecientes que después no se ven satisfechas.

2.5.2 Estructura social, apoyo social y salud mental en las mujeres

En los últimos años, el ambiente social ha sido reconocido como un complejo sistema estructural, cultural, interpersonal y psicológico con propiedades que favorecen la adaptación y el ajuste frente a determinadas situaciones relacionadas con los procesos de salud-enfermedad y también como un sistema contenedor de elementos amortiguadores del mismo. Ello justifica un creciente interés en los recursos derivados de los vínculos sociales de las personas, así como la relación existente entre las relaciones interpersonales y la salud. Desde esta perspectiva, conceptos como "redes sociales", "sistemas de apoyo comunitario", "apoyo social" o "recursos del entorno", son conceptos clave para el desarrollo de las líneas de investigaciones que relacionan las redes sociales y la salud.[40]

39 M. Weissman, M. Olfson, "Depression in women: implications for health care research", *Science* 269 (1995) 799 - 801.
40 R. Fernández Peña, "Redes sociales, apoyo social y salud", *Periferia* 3 (2005).

En la investigación de las influencias sociales en la salud mental, el apoyo social constituye uno de los factores más estudiados en relación con el bienestar psicológico. Diversos estudios muestran una asociación entre las relaciones sociales y la salud, encontrando que las personas que viven más aisladas tenían una salud más frágil y mayor probabilidad de morir.[41]

En la actualidad disponemos de evidencia respecto de la relación entre el apoyo social y el bienestar. En la revisión realizada por Uchino, et al.[42] de los 81 estudios que investigaban la relación entre apoyo social y salud, se encontró que el apoyo social tenía relación directa con el bienestar psicológico, destacando beneficios en el sistema cardiovascular, endocrino e inmunológico. Asimismo, diferentes investigaciones relacionan la mejoría de la sintomatología depresiva con el apoyo social percibido.

2.5.3 Las comunidades como fuente de apoyo social

La interacción social entre los miembros y las diferentes organizaciones de la comunidad[43] constituye una fuente de apoyo potencial para las personas. A partir de estas relaciones no sólo se pueden obtener importantes recursos, información y ayuda, sino también un sentimiento de pertenencia e integración más amplios, con importantes implicaciones para el bienestar individual y social. Desde esta perspectiva, el apoyo social en el nivel comunitario es un factor que exige un nivel de análisis distinto al del apoyo en el nivel de las relaciones íntimas y de confianza.

41 J. House, "Social Isolation Kills, But How and Why?" *Psychosomatic Medicine* 63 (2001) 273-274.

42 B.N. Uchino, et al., "The relationship between social support and physiological processes: a review with emphasis on underlying mechanisms and implications for health", *Psychol Bull.* 3 (1996) 488-531

43 En este apartado el término "comunidad" hace referencia al conjunto de las personas que viven en un mismo barrio, pueblo, o lugar común.

Lin[44] plantea que el vínculo de una persona con el entorno social puede presentarse en tres niveles: la comunidad, las redes sociales y las relaciones íntimas y de confianza. Para este autor, el apoyo social se define como las provisiones expresivas o instrumentales —percibidas o reales— proporcionadas por la comunidad, las redes sociales y las relaciones íntimas y de confianza. Cada uno de estos niveles proporciona diferentes sentimientos de pertenencia y vinculación. Así, el estrato más externo y general, la comunidad, hace referencia a las relaciones con la comunidad más amplia. La participación en este estrato se refleja en el grado en que la persona se involucra en la comunidad y las organizaciones de carácter voluntario.

Este tipo de vinculación refleja la integración de la persona en la comunidad y proporciona un sentimiento de pertenencia a una estructura social amplia y un sentido general de identidad social. El siguiente estrato, más cercano a la persona, consiste en las redes sociales a través de las cuales se accede directamente a un número relativamente amplio de personas. Estas redes tienen un grado elevado de especificidad y tienden a construirse a partir de características como las relaciones familiares, el mundo laboral o la amistad. Este tipo de relaciones proporciona sentimientos de vinculación.

Estas relaciones requieren de la interacción interpersonal y de un mayor esfuerzo que la mera participación, ya que se deben mantener las relaciones con una frecuencia y nivel de compromiso razonable (de este modo, una relación basada en el vínculo es más sólida que una relación basada en el sentido de pertenencia). Finalmente, el ámbito más próximo a la

---

44 N. Lin, *Conceptualizing social support*, En N. Lin, A. Dean y W.N. Ensel (Eds.), "Social Support, life events and support", Academic Press., New York, 1986.

persona lo constituye el conjunto de sus relaciones íntimas o de confianza, del que deriva un sentimiento de compromiso, y donde se asume una serie de normas de reciprocidad y de responsabilidad por el bienestar del otro.

2.5.4 *Efecto amortiguador del apoyo social en la depresión*

El apoyo social es el proceso que se da entre las personas que componen la red social de un sujeto. Acciones como escuchar, estimar, valorar, aceptar etc., son conductas que se dan entre los sujetos que componen la red. Entre las principales fuentes de apoyo de tipo informal se encuentra la familia (cónyuge, hijos, parientes, familiares y amigos); las de tipo formal pueden estar compuestas por los compañeros de trabajo, superiores, jefes, directivos, etc., todas ellas tienen un gran impacto en la salud de la persona, así los contactos de carácter informal previenen o amortiguan los efectos de la enfermedad.

La relación entre el efecto amortiguador del apoyo social en la depresión ha sido estudiado en el estudio epidemiológico ODIN[45] (*Outcome of Depresión Internacional Network*), realizado por cinco universidades europeas -Santander, Liverpool, Oslo, Dublín y Turku- en población general de 5 países europeos (5 muestras urbanas y 4 rurales) con un diseño transversal de entrevistas a un total de 8.500 personas, con edades de entre 18 y 64 años, obtenidas a través de una muestra aleatoria.

El objetivo principal del estudio era explorar si los distintos acontecimientos vitales adversos, vulnerabilidad a los

---

45 C. McCracken, "Health service use by adults with depression: community survey in five European countries. Evidence from the ODIN study".*Br J Psychiatry* 189 (2006) 161-167.

mismos y soporte social, explicaban las diferencias de género en la prevalencia de depresión. En los resultados destaca que en todos los países predominó un mayor soporte social general entre las mujeres respecto a los varones. Sin embargo, esta tendencia sólo resultó estadísticamente significativa en algunos casos. La variable "ayuda de los vecinos", se asociósignificativamente al género femenino tanto en España como en Finlandia. En Noruega, curiosamente, la asociación se dio a favor de los varones.

Existe evidencia empírica que demuestra que la escasa calidad de las relaciones sociales se asocia con problemas de salud y que las personas aisladas socialmente tienen mayores tasas de mortalidad y morbilidad.[46] La percepción de apoyo por parte de familiares y amistades ha sido sistemáticamente vinculada a una buena salud mental, presentando menores tasas de depresión mayor, menores síntomas de trastorno de estrés postraumático y bajos niveles de angustia inespecífica.

2.5.5 Diferencias entre hombres y mujeres en relación al soporte social y el riesgo de depresión mayor

Los factores sociales y culturales tienen un papel fundamental en el desarrollo y el mantenimiento de la enfermedad mental, cuya influencia se manifiesta de diferente manera en hombres y mujeres en función de los matizaces en los roles que cada uno se ve obligado a desempeñar en las distintas sociedades. Estas diferencias de distribución de la patología mental según el sexo, han sido objeto de diversas interpretaciones que han permitido conocer que a las mujeres se les diagnostica con mayor frecuencia trastornos relacionados con la ansiedad y la

---

46 E.S. Paykel, "Life events, social support and depression", *Acta Psychiatrica Scandinavica*, 377 (1994) 50-58.

depresión, mientras que a los varones se les diagnostica más abuso de sustancias y de trastornos de personalidad.[47]

Diferentes estudios señalan que en el 50% de los pacientes que acuden a un centro de salud aparece un factor psicosocial como precipitante de su demanda, y los problemas de salud mental suponen más del 20% de motivos de consulta en medicina general.[48] Por ello, en el abordaje de los problemas de salud mental deben tenerse en cuenta el contexto familiar y social de la persona que demanda ayuda. De este modo, desde el modelo biopsicosocial se perciben mejor los problemas de salud mal definidos. Las enfermedades en sus primeros estadios de evolución y la atención individual, familiar y comunitaria, son un todo indivisible desde una óptica biopsicosocial.

Las mujeres tienden más a comunicar verbalmente y expresar su malestar a través de conductas como el llanto, quejas de tristeza y depresión. Los varones demuestran el malestar en irritabilidad e indecisión, síntomas éstos que los médicos no identifican como signos de un malestar, por lo que tienden a infradiagnosticar e infraprescribir a los varones y sobrediagnosticar y sobreprescribir a las mujeres.[49]

En la relación entre soporte social y el riesgo de depresión mayor en mujeres y hombres destacamos el estudio realizado

---

47 M. Gili, V. Ferrer, M. Roca, M. Bernardo, "Diferencias de género en un estudio epidemiológico de salud mental en población general en la isla de Formentera". *Actas Luso-Esp. Neurol. Psiquiatr.*, 26 (1998) 90-96.

48 C. Torres Martínez, et al., "Psicofármacos en Atención Primaria: calidad de la prescripción", *Atención Primaria* 11 (1993) 385-387.

49 A. Llacer, C. Colomer, "Utilización de servicios sanitarios" en Instituto de la Mujer. *Las mujeres y la salud en España. Informe básico*, Ministerio de Asuntos Sociales, Madrid, 1994.

por Matud,[50] que analiza la relación entre apoyo social y salud en mujeres y hombres y las variables sociodemográficas asociadas al apoyo social. Se encontró que las puntuaciones en las escalas del GHQ-28 (Cuestionario de Salud General de Goldberg) de síntomas somáticos, ansiedad e insomnio, disfunción social y depresión grave se correlacionan con un bajo apoyo social, siendo los coeficientes ligeramente más altos para las mujeres, excepto en síntomas somáticos y disfunción social.

En comparación con el varón, sus niveles de apoyo parecen depender más de la edad y de factores sociales y familiares, como el estado civil, el número de hijos o el nivel educativo y laboral. En el estudio se destaca que las mujeres con peores condiciones sociales (las que tienen menor nivel de estudios, más edad, más cargas familiares y menor nivel laboral, así como las que carecen de empleo) son las que tienden a percibir menor apoyo social. Los resultados también parecen confirmar, al menos en lo que se refiere al apoyo social, las afirmaciones de algunos autores acerca de que el matrimonio conlleva más ventajas para los hombres que para las mujeres, con mayor apoyo emocional de los casados frente a los no casados.

Preguntas para la reflexión

1. Indique algunas diferencias básicas entre la tristeza y la depresión mayor.
2. Ante un amigo/a que presenta síntomas sugestivos de depresión mayor, ¿qué orientación le ofrecería, como la más idónea, para resolver su problema de salud?

---

50 P. Matud, M. Carballeira, M.López, R.Marrero, I. Ibañez, "Apoyo social y salud: un análisis de género.", *Salud Mental*, 25 (2002).

3. Cite ejemplos cómo la red social de su comunidad[51] (asociación de vecinos, grupos de autoayuda, grupos de voluntariado, etc.) puede favorecer a la mejora de una persona con depresión.
4. Indique formas de apoyo social que pueden amortiguar los síntomas de la depresión.
5. De lo expuesto en este capítulo sobre la relación depresión – género femenino, ¿qué rol / actuaciones pro-activas deberíamos adoptar los varones para mitigar y disminuir la prevalencia de depresión en las mujeres?

3. ACERCAMIENTO FENOMENOLÓGICO DE LA DEPRESIÓN DESDE LA EXPERIENCIA CRISTIANA

También puedes enfadarte con Dios.
Ha sucedido algo que ahora mismo parece
absurdo y terriblemente equivocado.
Lo que ha ocurrido es malo y
te sientes defraudado. Admítelo. ◆

En este capítulo nos acercaremos a la experiencia del que sufre una depresión, puesto que no solamente es necesario describir los síntomas de la depresión, sino que debemos conocer también lo que siente la persona deprimida, cuáles son sus pensamientos, de que formas expresa su dolor emocional. Este acercamiento fenomenológico sólo es posible a través del lenguaje figurado y en especial en el uso de metáforas.

En la Biblia, encontramos en los Salmos *las súplicas individuales.* Se trata del género literario más representado en el salterio (Sal 3; 7; 13; 17; 22; 25; 26; 27; 31; 35; 38; 39; 42s; 54; 57; 59; 77; 88; 123; 140; 141; 142; 143). En ellas un

---

51 Recuerde que el término comunidad en este contexto alude al núcleo poblacional donde reside (barrio, pueblo, etc.).

miembro de la comunidad manifiesta su lamento, debilidad y soledad en presencia del Señor. La mayoría de las veces el salmista es objeto de amenazas o de persecuciones por parte de terceras personas; también expresa experiencias de sufrimiento y enfermedad, al considerarse abandonado por Dios. Así, el salmista describe su tristeza y desánimo a través de metáforas que le ayudan a mostrar su malestar más íntimo y profundo; él se encuentra en la *"fosa desolada"* (40,3a, BLPH) para explicarnos su soledad y sentimiento de vacío.

3.1 *La necesidad de acercarnos a la experiencia y el significado del estar deprimido*

La fenomenología existencial trata de acercarse a la experiencia que una persona tiene de su mundo y de sí misma. Las acciones que hacen, sienten y dicen las personas tienen sentido dentro de su marco existencial; es ese sentido especial el objetivo de la fenomenología. Es desde este marco de experiencia vivida, que la enfermedad cobra una nueva dimensión, ya que síntomas y signos tienen una especial resonancia en la experiencia vital de la persona que sufre la enfermedad.[52] Desde esta perspectiva se va más allá de los síntomas para adentrarse en los significados y sentidos que la persona asigna a la experiencia de *estar* deprimido.

Es por ello que la escucha hay que entenderla como un proceso bidireccional entre la persona deprimida y su interlocutor (profesional, pastor, esposo/a, amigo, etc.), por lo que es necesaria la apertura de ambos para poder facilitar el entendimiento de lo que se intenta transmitir. Es decir, es necesario permanecer atentos a lo que la persona deprimida nos quiere comunicar para explorar los

---

52 I. Hernández-Bayona, "Fenomenología de algunos síntomas de la depresión", *Universitas médica* 48 (2007) 228-248.

significados de sus palabras y silencios. De este modo, a través de la escucha activa, se facilita la expresión de sus expectativas y sentimientos. Las personas reprimidas utilizan diferentes narraciones para expresar su malestar emocional, generalmente usan expresiones y metáforas que facilitan la comprensión al oyente de su estado de ánimo y expectativas vitales. Las principales expresiones son las siguientes:

a) *La lesión no se ve*

Desde el modelo biomédico se entiende que la enfermedad es una disfunción del cuerpo que debe ser observable y medible por las diferentes técnicas diagnósticas. Así, la analítica de sangre, la radiografía, la tomografía axial computarizada, entre otras, permiten al clínico señalar donde está la disfunción y por tanto señalar la causa que produce la enfermedad. Desde este modelo, la enfermedad se puede "ver" y de este modo es entendible que la persona afectada tenga síntomas que le hacen sufrir. Pero la depresión no se puede diagnosticar con estas técnicas, por tanto, siguiendo esta lógica, la depresión que no se puede "ver", no existe.

Es desde este planteamiento de la "invisibilidad" de la depresión que al paciente le cuesta comunicar a los suyos su sufrimiento emocional, porque los demás no entienden lo que le sucede. Así, por ejemplo, en la persona que ha sufrido un traumatismo en su pierna o que ha tenido un infarto de miocardio, su mal es comprensible; nadie puede dudar del sufrimiento y el dolor que le causa. Pero en el caso de la depresión, al no existir pruebas médicas que confirmen el diagnóstico, la enfermedad es menos entendible y cuesta más el que ésta sea aceptada por los demás. De este modo, se crea un muro de incomprensión que aísla a la persona deprimida, aumentando en la mayoría de los casos, sus sentimientos de impotencia y minusvalía y agravando los síntomas depresivos.

La experiencia de una persona con depresión nos ayudará a entender con más claridad lo expuesto hasta ahora:

> "Entonces, mi cabeza dejó de servir. Fue cuando me vino la depresión, yo no tenía más ganas de vivir... no quería ducharme, me encerraba en la habitación y no quería ver a nadie. La depresión no se le puede ver a la persona en el rostro y por eso piensan que no es una enfermedad grave, pero lo es porque sólo sabe lo que es una depresión quien la tiene, porque nosotros nos sentimos con la cabeza confusa, no dormimos, nos sentimos inútiles, ¡¿a que sí?!"[53]

Este relato nos ayuda a acercarnos a la experiencia depresiva y sus consecuencias en la vida de esta persona. A la dificultad para realizar las actividades cotidianas, por ejemplo, como la higiene personal o realizar las compras, se le suma el deseo de no vivir, de encerrase en su habitación, de aislarse de todo. Por si fuera poco, a estos sentimientos de inutilidad se le suma la incomprensión de los demás. Es por ello que en este relato, el autor pide a sus interlocutores que no se queden en la superficie, por qué *"La depresión no se le puede ver a la persona en el rostro"*, hay que hacer un esfuerzo para ponerse en el lugar de la persona deprimida, asumir por un momento su situación de impotencia e inutilidad. Este sentimiento de impotencia para expresar sentimientos de debilidad y angustia, es expresado por el salmista:

> *Así que guardé silencio, me mantuve callado.*
> *¡Ni aun lo bueno salía de mi boca!*
> *Pero mi angustia iba en aumento.* 32,9 (NVI)

---

53 V. Moreira, "Significados Posibles de la Depresión en el Mundo Contemporáneo. Una Lectura Fenomenológica *Mundana." PSYKHE* 116 (2007) 129-137.

En otras versiones la palabra angustia es traducida por dolor:

Y guardé un profundo silencio;
ni siquiera hablaba de lo bueno.
Y mi dolor se agravó. (RVC)

De tal manera que se establece una correspondencia entre
el dolor y la angustia en un contexto donde el salmista se
muestra profundamente afligido (v.12), sin fuerzas (v.14) e
incapaz de hablar con nadie. La depresión aísla, y envuelve a
la persona en un "muro" de silencio e incomprensión donde
la soledad impregna toda la existencia.

b) *Lo veo todo oscuro*

Muchas personas deprimidas utilizan la metáfora del túnel
para explicar su experiencia depresiva, fuera del túnel hay
luz y alegría pero dentro se experimenta la tristeza, el llanto
y la soledad más profunda. Pero además la utilización de la
metáfora del túnel se da en el contexto de la inmovilidad, es
decir, no es un lugar por donde se circula, es un lugar donde
uno permanece inmóvil, parado y quieto.

El salmista en el salmo 40,2 describe estos mismos sentimientos de soledad profunda, de aislamiento, de una
tristeza que le penetra hasta el fondo del alma. Algunas
versiones utilizan diferentes metáforas para describir la
situación de aislamiento y de soledad que experimenta el
salmista: hoyo, fosa y pozo. Éstas remiten a la experiencia de
sentirse atrapado, hundido, sin expectativas de salida. En este
contexto surge con fuerza la desesperación, la constatación
que los pies se hunden cada vez más en el lodo y no hay
posibilidad de salida.

Me sacó del hoyo de la desesperación,
me rescató del cieno pantanoso,

*y plantó mis pies sobre una roca;
¡me hizo caminar con paso firme!* (RVC)

*Me salvó de la fosa mortal,
me libró de hundirme en el pantano.
Afirmó mis pies sobre una roca;
dio firmeza a mis pisadas.* (DHH)

*Y me hizo sacar del pozo de la desesperación,
del lodo cenagoso;
Puso mis pies sobre la peña,
y enderezó mis pasos.* (RVR 1960)

c) *Todo se me hace una montaña*

Las actividades que antes realizaba la persona de forma espontánea como el aseo personal, preparar el desayuno o ir a comprar, entre otras, ahora se vuelven situaciones que necesitan de mucha energía para llevarse a cabo. Desde la vivencia y experiencia del estar deprimido, realizar cualquier actividad constituye un reto que en la mayoría de las ocasiones se ve como imposible de cumplir o realizar. Incluso actividades que antes eran placenteras como ir al cine o estar con los amigos, se evitan ahora y el hecho de plantearse realizarlas genera ansiedad y conductas evasivas. Se prefiere la soledad y el aislamiento, agravando de este modo la incomunicación con los demás, de tal modo que la persona vive inmersa en un círculo cerrado de difícil salida. Una persona deprimida lo expresa del siguiente modo:

> "Cuando me despierto y tengo que hacer cosas y tengo depresión yo no quiero levantarme, no quiero la rutina diaria, no quiero hacer nada, no tengo energía, no tengo ambiciones, no tengo entusiasmo en mi vida, quiero decir no puedo hacer esto hoy día...."[54]

---

54 *Ibíd.*

Esta breve descripción de la experiencia depresiva, sintetiza muy bien sus sentimientos de desánimo y aislamiento. La falta de energía está presente en todas las actividades que la persona debe realizar. Cualquier acción por rutinaria que sea (asearse, comprar, llamar por teléfono etc.) se vive como un reto imposible de superar. Incluso actividades placenteras como ir al cine o dar un paseo, se viven desde el disconfort. La persona siente que no tiene fuerzas, que "se ha quedado sin pilas" de tal modo que hacer cualquier tarea por pequeña que ésta sea, es una meta inalcanzable.

El salmista en el salmo 38:10 también ha experimentado que la ilusión por vivir se ha disipado; la tristeza está presente en su vida; las fuerzas y el vigor le han abandonado; se siente apesadumbrado. Está vivo porque su corazón palpita, pero su cuerpo no responde, se siente profundamente cansado y desolado.

> *Palpita mi corazón, mis fuerzas me abandonan,*
> *Y aun la luz de mis ojos se ha ido de mí.* (NBLH)

d) *No sé qué decir*

La persona deprimida no sabe cómo expresar lo que le sucede; su sensación de perplejidad es mayor porque no hay pruebas diagnósticas que demuestren que está enfermo, pero él se *siente* enfermo. Los sentimientos de desolación, tristeza y desesperanza están muy presentes en su vida. ¿Cómo explicar a los demás lo que le sucede, si él mismo no sabe expresarlo? El dolor de cabeza, las molestias gástricas, la contusión en el brazo se pueden describir y nuestro interlocutor puede entender, de algún modo, el tipo de sufrimiento que estamos experimentado. Pero en el caso de la depresión, no hay palabras para describir la vivencia de tristeza vital.

Es desde este contexto de dificultad, que a menudo se recurren a expresiones y a metáforas que sintetizan el estado de ánimo de la persona deprimida: "estar hundido", "sentirse vacío", "vivir en profunda soledad". En el salmo 22:15 encontramos una descripción del estado de ánimo del salmista, marcado por la falta de fuerzas y el hundimiento emocional.

> *Se ha secado mi vigor como una teja;*
> *la lengua se me pega al paladar.*
> *¡Me has hundido en el polvo de la muerte!* (NVI)

El salmista utiliza metáforas para ilustrar su estado de ánimo, porque no sabe cómo expresar su dolor y tristeza. Su vigor se ha secado, no es una fuente que brota con intensidad; por el contrario, se encuentra tan seco como una teja. La energía ha dado paso a la inmovilidad, a la quietud impuesta, a la parálisis emocional.

e) *Nadie me entiende*

El estado de ánimo de la persona deprimida es difícil de entender por sus familiares y allegados. Resulta difícil poner en palabras la tristeza y el desánimo. Esta dificultad se agrava cuando se quiere expresar y compartir el dolor emocional con los familiares y amigos y no se encuentra comprensión y aceptación. Es más, muchas veces se intenta animar a la persona deprimida con frases del tipo: "pon de tu parte y ya verás como saldrás", "esto no es nada comparado con una enfermedad seria", "con voluntad y trabajo se sale adelante". Estas y otras expresiones parecidas agrandan la distancia emocional entre la persona deprimida y sus familiares y amigos. La persona deprimida se siente aún más aislada, más incomprendida, sin querer comunicarse con nadie.

En el salmo 36,7 encontramos la respuesta al sufrimiento emocional causado por la depresión: el llanto. Cuando no hay palabras para expresar el dolor y abatimiento emocional es cuando las lágrimas inundan los ojos. El salmista, en la soledad de la noche llora sin cesar, está abatido y triste.

Estoy cansado de llorar,
cada noche baño en lágrimas mi cama,
con mi llanto inundo mi lecho. (BLPH)

Este breve acercamiento fenomenológico de la vivencia de la depresión nos permite acercarnos a la experiencia de aislamiento, soledad, tristeza y dolor emocional de la persona que sufre una depresión. A través del lenguaje metafórico se puede expresar el significado que la persona deprimida da a su malestar y sufrimiento emocional; de alguna forma podemos captar las diferentes tonalidades de perplejidad, angustia y tristeza que tiñen su experiencia vital. Esta posibilidad de acercarnos al sufrimiento emocional, y de algún modo entenderlo, nos permite construir actitudes más empáticas y generadoras de consuelo. En los próximos capítulos se describirán algunas propuestas para generar espacios de expresión de emociones y aliviar sufrimiento emocional.

Preguntas para la reflexión

1. ¿Por qué es necesario poner palabras a la experiencia del dolor emocional?

2. En el Salterio, encontramos diversas metáforas que nos acercan a la soledad y a la tristeza del salmista. Realice su propia lista de metáforas y analogías que describan un estado emocional abatido, ya sea el propio o el de un amigo o familiar.

3. En el Salterio, ¿cómo se describe la acción liberadora de Dios? ¿Qué metáforas utiliza el salmista? ¿Puede realizar una lista con sus propias palabras?

3.2 *Primeros pasos para salir del túnel de la depresión*[55]

Es importante que la persona afectada adopte un rol activo en el manejo de su enfermedad, de tal modo que su recuperación sea rápida y efectiva. Es por ello necesario que la persona deprimida no sólo conozca los síntomas de su enfermedad, sino también el manejo de sus propias emociones. Todo ello se da dentro de un marco colaborativo con los profesionales de la salud y con su propia familia.

La experiencia del *estar* deprimido implica mucho sufrimiento y soledad. Al hecho de vivir en la tristeza y en la anhedonia se le añade la perplejidad del no saber cómo expresar y explicar lo que le está sucediendo. De este modo, se puede entrar en un círculo vicioso donde el silencio se va imponiendo y la persona deprimida se encuentra cada vez más sola, sin saber qué decir y cómo expresar su malestar emocional. Por tanto, es preciso iniciar unos primeros pasos para empezar la marcha hacia la salida del túnel, sabiendo que en este camino no se está solo, sino que el cónyuge, familia, amigos y profesionales están a su lado acompañándolo y guiándolo.

a) *Expresar lo que se siente*

Cuando una persona sufre depresión es importante que sea consciente de sus emociones y no las niegue ni reprima. Si se encuentra triste y abatida, no debe fingir que se encuentra emocionalmente estable, que se encuentra bien. Con esta actitud, muchas veces inconsciente, lo que se genera es más

---

55 Para la elaboración de este capítulo hemos seguido algunas recomendaciones descritas en nuestro libro: E.Aragonés, N. Cardoner, F.Colom, G.López-Cortacans. *Guía de Buena Práctica Clínica* en *Psicoeducación en pacientes con depresión.* Ministerio de Sanidad y Asuntos Sociales, España, Madrid, 2012.

ansiedad y más sentimientos de soledad y aislamiento. Es necesario tomar consciencia de lo que le está sucediendo, de su labilidad emocional y tristeza; para ello se debe tratar de poder nombrar lo que se está sintiendo.

Esta habilidad puede resultar compleja; es por ello que es útil expresar las emociones a través del lenguaje figurado: "me siento en un túnel sin salida", "estoy sin fuerzas", "he perdido el color de la vida", "me siento como en una campana de cristal donde nadie puede conocer cómo me siento" etc. La lectura de los Salmos y del libro de Job puede ser eficaz para "poner nombre" a las emociones negativas, y de este modo hacer suyas las quejas y lamentaciones de los autores bíblicos.

Una vez realizado este primer paso podemos intentar alguna conducta que nos sirva para alterar esa situación. En efecto, emociones, conductas y pensamientos se interrelacionan entre sí; al cambiar nuestra conducta cambiará nuestro pensamiento, y esto puede contribuir a alterar nuestras emociones. Esta cadena funciona en todas las direcciones posibles. Hay, por lo tanto, conductas y pensamientos que nos pueden ayudar a modificar nuestras emociones cuando estas sean negativas.

Así por ejemplo, ante la tristeza –emoción– puede estar asociado el pensamiento: "soy la peor persona del mundo". Pero cuando se identifica que este pensamiento es ilógico e irracional[56], la tristeza disminuye. También ante el pensamiento: "estoy solo", puedo pensar que cuento con mi cónyuge, mi familia y mis amigos están físicamente a mi lado

---

56 Objetivamente hablando, hay muchísimas personas que son peores (terroristas, asesinos, delincuentes, estafadores, etc....) que la persona que expresa esa idea; es por ello que este pensamiento es irracional y no se puede argumentar solidamente.

y me brindan su protección y cariño. Desde la experiencia de fe, a pesar de la soledad, la presencia de Dios en el *"valle de sombras"* es más real. Del mismo modo, la comunión y la ayuda fraternal de la comunidad de fe le recuerdan que forman parte del mismo cuerpo y cuando uno sufre todo el cuerpo sufre.

b) *Contención de los pensamientos negativos*

Según dice Epícteto en el Enchiridion, en el siglo I: «*No son las cosas mismas las que nos perturban, sino las opiniones que tenemos de las cosas*». Esta frase resume en sí misma el enunciado de la teoría cognitiva de la depresión: los pensamientos juegan un papel fundamental en el mantenimiento del síndrome depresivo. Los pensamientos automáticos aparecen en el fluir del pensamiento normal y condicionan su dirección o curso; se les atribuye una certeza absoluta, por eso no son cuestionados, y condicionan la conducta y el afecto. En general son pensamientos breves del tipo: "no valgo nada", "todo lo malo me pasa a mí", "soy una calamidad"– e intrusivos, ya que aparecen incluso cuando la persona trata de evitarlo. Pueden ser verbales o aparecer en forma de imágenes.

Los pensamientos negativos automáticos pueden dar lugar a rumiaciones, aumentar la ansiedad, reducir la reactividad del ánimo y aislar al paciente de su entorno. Por ello, es fundamental incidir en los pensamientos negativos para acelerar la mejoría del síndrome depresivo. Un buen modelo para enfrentar estos pensamientos negativos es el de la terapia cognitivo-conductual (TCC).[57]

---

57 El *National Institute for Health and Clinical Excellence* (NICE), la Organización Mundial de la Salud (OMS) y la Federación Mundial

Según el enfoque cognitivo, la depresión hace que el paciente presente una alteración de su pensamiento consistente en tener una visión negativa de sí mismo, del entorno y del futuro, lo que se conoce como «tríada cognitiva». Como ya se ha comentado, durante la depresión, el que la sufre se ve a sí mismo incapaz e inútil, tiende a aumentar sus defectos o errores y a despreciar sus virtudes y aciertos. La persona deprimida interpreta la realidad en su contra, y cualquier situación la vive y experimenta negativamente. Por otra parte, es especialmente pesimista respecto a su futuro, todo lo ve lleno de adversidades y dificultades; a pesar de que no haya ningún indicador objetivo para justificar ese pesimismo. Esta desesperanza y negatividad provocan en la mayoría de las ocasiones, un sentimiento de inutilidad en el que la persona ve su entorno y su futuro como imposibles de modificar, apareciendo la desesperación.

La terapia cognitivo-conductual tiene por objetivo que la persona recupere la objetividad de su juicio y aprenda a pensar de un modo no depresivo. Durante el tratamiento, el paciente

---

de la Salud Mental (WFMH) recomiendan la terapia cognitivo conductual (TCC) como tratamiento de primera elección para el trastorno depresivo leve y moderado. De la abundante bibliografía sobre el tema destacamos: National Collaborating Centre for Mental Health. *Depression. The treatment and management of depression in adults.* The British Psychological Society, London, 2009; J. Barth, et al., "Comparative efficacy of seven psychotherapeutic interventions for patients with depression: a network meta-analysis", *PLoS Med* 10 (2013) 100-10014; A.C. Butler, J.E Chapman, E.M Forman, A.T Beck, "The empirical status of cognitive behavioral therapy: a review of meta-analyses", *Clin Psychol Rev 26 (*2006) 17-31; R.J De Rubeis, et al.," Cognitive therapy vs. medications in the treatment of moderate to severe depression." *Arch Gen Psychiatry* 62 (2005) 409-416.

consigue volver a estructurar sus pensamientos en forma positiva a partir de ciertos ejercicios cognitivos, a la vez que se incorpora un cambio en algunas conductas características que impiden su mejoría.

3.3 Pautas saludables para manejarse en el día a día

Es muy importante insistir a la persona deprimida y a sus familiares y amigos que la depresión no es un «problema de la voluntad», sino de un síndrome que afecta todas las esferas de la vida de la persona. El problema añadido en el caso de la depresión es que, aunque esta no sea un «problema de la voluntad», sus síntomas sí que deterioran la voluntad de quien los padece, lo que convierte en compleja la tarea del cambio de hábitos o la observación de nuevas pautas. Dicho esto, es necesario que la persona deprimida colabore, para sustituir actitudes negativas por actitudes positivas que ayuden a recuperar el estado emocional previo al inicio de la depresión. A continuación señalamos algunas de estas actitudes positivas que van a facilitar su recuperación y que la familia debe alentar:[58]

a) *La necesidad de respetar las horas de descanso*

La persona deprimida debe poner una hora límite para levantarse de la cama. Aunque lo aconsejable sea dormir un máximo de 9 horas al día, este objetivo puede resultar inalcanzable para una persona deprimida. Sería recomendable fijar una hora para levantarse con un margen de una hora,

58 E.Aragonés, G.López.Cortacans, W.Badia, Jl, Piñol, A.Caballero, "Abordaje psicoeducativo de la depresión en Atención Primaria. El modelo INDI", *Metas de Enfermería*, 14 (2011) 62-67.

no más. También es importante que la hora para acostarse sea casi siempre la misma. Es recomendable que la persona deprimida no realice la siesta porque esta suele alargarse innecesariamente durante horas. En el caso de que se haga la siesta, es importante limitarla a una duración no superior a 30 minutos.

b) *La necesidad de potenciar el autocuidado*

Es recomendable que la persona se asee a diario y se vista. Es necesario mantener esta rutina diaria, aunque al inicio de la depresión se viva esto como una meta inalcanzable. Por otra parte, es importante que durante el día no se vista con pijama. De alguna manera el pijama es la ropa que usa el enfermo hospitalario, y nos "recuerda" que estamos enfermos; es por ello que hay que evitar su uso durante el día.

c) *La necesidad de establecer y mantener*
   rutinas saludables

Es necesario que la persona deprimida salga a la calle a diario, aunque solo sea a comprar el pan, comprar el diario o dar una vuelta por el parque. Es recomendable que en las primeras semanas pueda ir acompañado de un familiar y/o amigo. Es importante que la persona realice al menos tres comidas (desayuno, almuerzo y cena) al día. A menudo la depresión cursa con reducción del apetito, pero aun así conviene no olvidar que las comidas no solo cumplen un papel nutritivo, sino que nos ayudan a estructurar el día, socializarnos –generalmente no comemos solos– y «normalizar» nuestra actividad. No es tan importante cuánto come el paciente como que realice el protocolo social de sentarse en la mesa. En la mesa se habla, se comparte las experiencias del día, se explican anécdotas. Alrededor de la mesa nos interesamos los unos por los otros, aumentando la cohesión y la comunicación familiar.

d) *La necesidad de establecer pauta de ejercicio físico*

Potenciar la práctica de ejercicio físico moderado. La depresión es susceptible de mejora por el ejercicio físico. En un reciente metaanálisis, se señala que la práctica de ejercicio moderado de forma regular influye en la calidad de vida produciendo efectos beneficiosos sobre la salud física y psicológica.[59] El efecto beneficioso del ejercicio frente a la depresión se ejerce a nivel psicológico (autoestima, mayor eficacia, socialización) así como a nivel neuroquímico (incremento la producción de norepinefrina y endorfinas).[60]

La realización de ejercicio produce una mejoría del humor y de la sensación de bienestar general. El paciente deprimido que realiza un ejercicio regular consigue mejorar su autoestima y favorecer sus relaciones con el entorno. Para pacientes con depresión mayor, en particular de grado leve-moderado, un programa de ejercicios estructurado y supervisado, de intensidad moderada, con frecuencia de 2-3 veces por semana, duración de 40-45 minutos y por espacio de 10 a 12 semanas podría mejorar los síntomas depresivos.

3.4 *Aprendiendo de la enfermedad*

Si prestamos atención a la experiencia de personas que han pasado por enfermedades graves como un cáncer o un infarto

---

59 G.M. Cooney, et.al., "Exercise for depression", *Cochrane Database of Systematic*, 9 (2014)

60 R. Stanton, P. Reaburn, "Exercise and the treatment of depression: A review of the exercise program variables", *Journal Science Medical Sport,* 17 (2014) 177-182.

de miocardio, nos contarán que de su experiencia de dolor han recuperado aspectos positivos a los que antes no les daban valor e importancia: el valor de la amistad, la belleza de una flor, la sonrisa de un niño, etc. Por otro lado, también nos explican que la escala de valores y prioridades vitales se modifica drásticamente: aquello que era prioritario antes de la enfermedad, ahora se vive como secundario y hasta superfluo; y al revés, aquello que carecía de interés ahora cobra una nueva dimensión y ocupa un lugar relevante en la escala de prioridades de la persona.

Puede parecer duro afirmar que una enfermedad como la depresión que genera tanto sufrimiento emocional, tenga su parte positiva y beneficiosa. Pero cuando hablamos con una persona que ha tenido una depresión, nos explicará que el dolor emocional le ha permitido tomar contacto con sus propias emociones. Este aumento de la sensibilidad le permite apreciar las pequeñas cosas del día a día que antes ignoraba, y ahora cobran una nueva dimensión: el abrazo de su hijo, el olor de una taza humeante de café, el sabor de un plato de comida, el gusto por la conversación, etc.

Desde la perspectiva de la fe, el creyente que ha pasado una depresión y ha *"vivido en la fosa desolada"*, ahora puede no sólo contactar con sus propias emociones y ser más sensibles a los aspectos positivos de la vida cotidiana, sino que también es más sensible a las *"maravillas de Dios"* (Job 37,14). Posiblemente no prestaba atención a una puesta de sol o al canto de un pájaro, pero ahora percibe con más intensidad y atención estas maravillas y las integra en su propia espiritualidad. Por otra parte, la propia lectura de la Palabra, las oraciones, las canciones de alabanza y las reuniones de oración y las relaciones fraternales toman una dimensión más profunda e intensa. De algún modo la experiencia de dolor emocional le ha hecho ser más sensible al actuar de Dios.

3.5 *Construyendo puentes de comunicación y afecto:*
la familia y el familiar deprimido

En los anteriores capítulos hemos descrito de que formas la persona con depresión explicaba su estado de ánimo, bajo la óptica del pesimismo, desesperanza y tristeza, y que era incapaz de sentir cualquier tipo de placer o alegría; siente que Dios está lejos, las actividades de la iglesia que antes realizaba (cantar en el coro, lectura de la Palabra, actividades diaconales, etc.) ahora las percibe como una pesada carga y las evita.

Pero la depresión no solamente afecta a la persona sino que también tiene unos efectos en la familia nuclear y sobre todo en el/la cuidador/a principal, quien más sufre el estado de ánimo de la persona deprimida, que suele ser el cónyuge. Se puede decir que cuando una persona sufre una depresión, en la familia se produce un «contagio» de tristeza que impregna todas las relaciones familiares; los silencios se hacen más prolongados y no se sabe qué decir ni de qué forma relacionarse. Generalmente, el cuidado de la persona deprimida recae principalmente en la familia y conlleva una sobrecarga emocional importante sobre todo en el/la cuidador/a principal, que suele ser el esposo/a. También se debe destacar que la enfermedad es reconocida por la familia como compleja y paradójica, porque se genera en la familia un sentimiento innato de querer dar apoyo; sin embargo, se perciben muchos obstáculos e impedimentos por parte del enfermo para recibir esta ayuda.

La familia describe estos sentimientos paradójicos con frases del tipo: «cuando intento darle conversación me responde que no quiere hablar», «si le propongo salir a dar un paseo me contesta que no tiene ganas de salir», pero «si no le digo nada para no molestarle, se queja de que no le presto atención». Ante estas respuestas, la familia no sabe cómo reaccionar correctamente y esta situación le genera más ansiedad y preocupación.

Desde esta perspectiva, tener un miembro de la familia con depresión afecta el funcionamiento y la dinámica de toda la familia, afectando los vínculos emocionales y la comunicación entre los miembros de la familia. También se puede afirmar, si la familia comparte y vive la fe cristiana, que de algún modo los cimientos de esta fe compartida, empiezan a tambalear; las dudas y las preguntas hacen su aparición con inusitada dureza en la familia, los "¿por qué?" dirigidos a Dios se hacen presentes en el día a día. De este modo, las dudas sobre la experiencia cristiana que experimenta la persona deprimida también son compartidas por su familia y especialmente por el cónyuge.

3.5.1 Importancia de las relaciones familiares[61]

La familia ha sido siempre la principal fuente de apoyo y cuidados; la mayor parte de los mismos que requieren los diferentes miembros de la unidad familiar se proporcionan en el seno de la misma. El estado de salud de un miembro de la familia y su reacción frente a la enfermedad influyen en los mecanismos físicos, psicológicos y espirituales de soporte que actúan dentro de la familia, y reciben, a su vez, influencia de estos mecanismos. Estos mecanismos de apoyo permiten a la persona deprimida percibir que su familia se preocupa de ella, que es amada y aceptada sin condiciones.

Este apoyo familiar cobra una dimensión más profunda e intensa cuando se trata del cónyuge; de este modo, el esposo/a

---

61 Para la elaboración de este apartado hemos seguido nuestro libro: E.Aragonés, N. Cardoner, F. Colom, G. López-Cortacans. *Guía de Buena Práctica Clínica* en *Psicoeducación en pacientes con depresión.* Ministerio de Sanidad y Asuntos Sociales, Madrid, 2012.

deprimido/a percibe, a través del cuidado del cónyuge, la verdadera dimensión del amor que actúa como bálsamo ante el sufrimiento emocional. Es en este contexto donde las palabras de S. Pablo cobran una dimensión más profunda: *"El amor todo lo sufre, todo lo cree, todo lo espera, todo lo soporta"* (1 Cor, 13,7). En esta breve frase, Pablo señala que las dimensiones del amor abarcan todas las expectativas y necesidades del ser humano, no tiene límites, lo llena todo. Es en el contexto de sufrimiento emocional, donde el amor penetra en la realidad del cónyuge deprimido, transformando una realidad de soledad y abatimiento en posibilidad de diálogo mutuo y fecundo; y es desde esta escucha activa, cuando se inicia el encuentro amoroso recíproco. De este modo, los esposos cristianos pueden avanzar hacia el diálogo con Dios, la escucha de Dios, el encuentro con Él a través de la lectura conjunta de un texto bíblico y la oración. Por lo expuesto, podemos afirmar que el amor tiene un gran potencial terapéutico que puede mitigar y aliviar el sufrimiento emocional ocasionado por la depresión.

Desde este planteamiento, la familia, especialmente el cónyuge, debe dar respuesta ante las necesidades del familiar deprimido, adaptándose para poder seguir funcionando, adoptando las siguientes funciones:

1. Adaptabilidad

   Ya se ha mencionado que la depresión de un familiar repercute en la dinámica y en las relaciones familiares. Si antes del inicio de la depresión la persona era conversadora, le gustaba participar y realizar actividades lúdicas con su familia, ahora, desde que está deprimida, busca el aislamiento y evita cualquier actividad lúdica y placentera con su familia. Este cambio de actitud afecta a la familia, que tendrá que responder adaptándose a las demandas y necesidades de la persona deprimida; y esta adaptación cobra mayor dimensión en el caso del cónyuge. Si antes de la aparición del episodio depresivo, la pareja disfrutaba conjuntamente de actividades de ocio, de salidas con los amigos, de participar activamente en las actividades de la iglesia, ahora se evitarán o reducirán al máximo. De tal modo, la depresión afecta directamente al cónyuge deprimido e indirectamente al que no lo está, ya que no puede participar y disfrutar conjuntamente de las actividades que antes realizaban conjuntamente.

Este proceso de adaptación no resulta fácil de asumir, ya que viene impuesto por la propia realidad del cónyuge deprimido. Esta fase de ajuste genera en la mayoría de los casos, situaciones de fricción, de reproches y de silencios impuestos; es un tiempo donde la perplejidad y las dudas cobran fuerza. En esta primera fase, es necesario disponer de información sobre lo que es el trastorno depresivo (síntomas, fases, tratamiento) y es también recomendable ir juntos, en la primera fase del cuadro depresivo, al profesional que aportará toda la información necesaria para afrontar con mayores facilidades el trastorno depresivo.

2. Participación

Para resolver estas nuevas necesidades que demanda la persona deprimida es necesario que la familia potencie su capacidad de compartir los problemas y de comunicarse para explorar maneras de resolverlos. Es en el núcleo familiar, y sobre todo con la pareja, donde se deben «construir puentes de comunicación». La comunicación con una persona con depresión no es fácil, sobre todo en las primeras fases de la enfermedad. Es por ello que la actitud familiar debe ser facilitadora; es decir, la persona deprimida debe sentir que su familia y especialmente su cónyuge «está ahí», «no está ausente», «no está despreocupada de lo que le ocurre». Desde esta óptica, la familia debe promover actitudes que, en la medida de lo posible, faciliten la comunicación y la participación de su familiar.

3. Afecto

En estas primeras fases de la depresión se debe potenciar la comunicación no verbal y las actitudes positivas: «dar un beso», «dar una acaricia», «estar sentado al lado de él/ ella», «ofrecerse para acompañarlo a realizar cualquier actividad». También pueden facilitar la expresión de sentimientos frases del tipo: « ¿cómo te encuentras?», « ¿has descansado bien esta noche?», « ¿te apetece hablar de lo que te está pasando?». Se debe señalar que estas preguntas deben ser realizadas desde la empatía y la escucha activa, es decir, la persona deprimida debe percibir un interés genuino y de afecto por parte de su familiar.

4. Incrementar la seguridad del familiar

Las personas afectadas por la depresión tienen conciencia de padecer una alteración del estado de ánimo, aunque en los primeros estadios no son capaces de reconocer su carácter de enfermo. Esto hace que, en general, consideren su situación de forma inadecuada, buscando razones externas (mala suerte, el destino o la gente) o internas. Además, presentan sentimiento de minusvalía personal y social acompañado de vivencias subjetivas de estar rodeado de problemas. Esta constelación de síntomas hacen que la persona deprimida se sienta vulnerable e insegura; es por ello que se deben incrementar las relaciones familiares para crear un entorno lo más seguro posible para el paciente.

5. Conductas generadoras de ayuda

Los trastornos depresivos hacen que uno se sienta exhausto, inútil, desesperanzado y desamparado. Esas maneras negativas de pensar y sentirse hacen que las personas quieran darse por vencidas, «tirar la toalla». Es importante que la familia sepa que su familiar deprimido percibe la realidad cotidiana de forma negativa distorsionada, que esta «mirada negativa » forma parte de los síntomas de la depresión, y por lo general, estas percepciones de la realidad no se basan en circunstancias reales. Se debe informar a la familia que los pensamientos negativos van desapareciendo cuando el tratamiento empieza a hacer efecto. La familia ofrece un sistema de apoyo y ayuda a su familiar deprimido proporcionándole pautas en su vida cotidiana que le ayudan a manejar mejor su estado de ánimo:[62]

- Ayudarle a fijar metas realistas, recomendándole ir paso a paso, sin que asuma grandes responsabilidades. Si participa en alguna actividad eclesial, es mejor realizar una pausa temporal, y en función de la remisión de la sintomatología depresiva, ir asumiendo poco a poco las responsabilidades que antes realizaba.

- Es mejor dividir las metas en partes pequeñas y que haga las actividades cuando pueda; es mejor «no forzar la máquina» y que la persona deprimida «vaya a su ritmo».

- La persona debe sentirse acompañado por su familia y sobre todo por su cónyuge, es importante que perciba que su esposa/a *está a su lado*, caminando por el mismo camino y que en este caminar *"por el valle de sombras"* (Sal 23), Dios les acompaña, sostiene y cuida.

- Estimularlo a realizar aquellas actividades que le ayuden a sentirse mejor y que le requieran menor esfuerzo.

- Es recomendable que se realice algún tipo de ejercicio físico, como pasear o andar en bicicleta. Si es posible, es recomendable acompañarla, de este modo se potencian las relaciones sociales que facilitan la mejora de los síntomas depresivos.

---

62 Para profundizar en el tema de la importancia de la familia en la recuperación de la persona deprimida, recomendamos la lectura del anexo "La depresión: información para pacientes, familiares y allegados" incluido en Grupo de Trabajo sobre el Manejo de la Depresión Mayor en el Adulto. *Guía de Práctica Clínica sobre el Manejo de la Depresión Mayor en el Adulto*. Ministerio de Sanidad y Asuntos Sociales, Madrid, 2014.

- En la medida que se vaya encontrando mejor, la familia, especialmente el esposo/a, le puede acompañar en aquellas actividades sociales que antes realizaba, como: asistir a eventos deportivos, ir a actividades recreativas, asistir a actividades de la iglesia o de otro tipo.

- Explicarle que su estado de ánimo mejorará gradualmente, nunca de forma inmediata. Hay que insistir que estamos en una *maratón,* donde el progreso es lento pero constante y siempre encaminado a la meta, que es la remisión de los síntomas depresivos.

- Es aconsejable posponer decisiones importantes (compra de vivienda, traslado a otra ciudad, hacer negocios...) y sobretodo hacerlo de forma individual, sin contar con la aprobación del cónyuge y del resto de la familia.

- Es importante que la familia y sobre todo el esposo/a resalte las mejoras que el paciente presenta a lo largo del proceso: «hoy has ido a la peluquería», «la ropa que te has comprado te sienta muy bien», «la receta de cocina que has hecho está muy rica», «me ha gustado ir de compras contigo». Es decir, es necesario que de algún modo, se perciba que se están dando pasos positivos hacia la salida.

- En la medida que se vaya mejorando debe ir realizando las actividades que hacía previas al inicio de la depresión.

- Intentar que la autocrítica y los pensamientos negativos que se expresan sean reemplazados por pensamientos positivos como: «tengo una esposa/a que me quiere», «mi familia está a mi lado», "tengo una iglesia que se preocupa por mí", «mis compañeros de trabajo llaman por teléfono y se preocupan por mí», «estoy recibiendo un tratamiento que me ayudará a salir del pozo», «si otros han salido de la depresión, yo también saldré».

3.5.1.1 La familia como parte activa del "tratamiento" de la persona deprimida

La ayuda de familiares y amigos, su cooperación y acompañamiento, son imprescindibles para mejorar el tratamiento y acelerar su recuperación. La familia, y en especial la pareja o persona próxima al enfermo, forma parte del «tratamiento». En efecto, la familia es la mayor fuente de apoyo social y personal de que pueden disponer las personas, tanto en los períodos de independencia como en los de dependencia.

Es en el contexto familiar donde la persona deprimida puede expresar libremente sus emociones y sentimientos, por tanto, no tiene que fingir o disimular su malestar emocional. Es decir, si la persona prefiere no ver la TV, o realizar actividades domésticas, puede decidir no participar sin tener que dar explicaciones ni justificar su actitud. Su familia entiende cómo se siente y por ello no le presiona ni le exige participar en actividades de cooperación familiar. Esta comprensión del estado de ánimo del familiar deprimido por parte de la familia es beneficiosa y promueve su mejora. Es desde este contexto de ayuda donde es aconsejable que en las fases iniciales de la enfermedad se incremente el cuidado del enfermo, supervisando la toma de la medicación y acompañándolo a la visita del profesional. La familia debe conocer que en unas semanas, de 2 a 4 habitualmente, la medicación estará haciendo efecto y el enfermo, en la mayoría de los casos, podrá empezar a volver paulatinamente a la actividad social laboral y familiar.

La mayoría de las personas con depresión y sus familias se adaptan adecuadamente a la nueva situación y, a pesar de las tensiones y reestructuraciones que exige, son capaces de reorganizarse e incluso fortalecer sus lazos. Sin embargo, el profesional médico ha de estar atento a aquellas familias, y sobre todo el/la cuidador/a principal que se cierran en sí mismas y quedan atrapadas, llegando a asumir en exceso la responsabilidad del cuidado del enfermo, limitando su autonomía o independencia.

• Alertas de peligro de suicidio y cómo manejar la culpa[63]

Existe la idea errónea de que hablar de las ideas de suicidio con la persona deprimida puede conducir a provocarlo, o hacer que le parezca una idea aceptable. En realidad, hablar abiertamente del tema puede representar un alivio y da una oportunidad a la familia de ayudar a conocer el grado de fuerza que tienen tales ideas. Este «hablar abiertamente» de la muerte y del suicidio se debe enmarcar dentro del contexto del clima familiar de aceptación y ayuda. Es por ello que la familia, sobre todo el/la cuidador/a principal, debe estar atenta a algunas señales que debe conocer. Así, la persona que quiere suicidarse suele presentar cambios en las emociones, en los pensamientos, en los hábitos y en el comportamiento habitual. Entre estos cambios podemos encontrar:

- Detección de conductas sospechosas: sigilo, un repentino antojo que el deprimido desea realizar, una injustificada visita a la farmacia.

- Expresiones verbales tales como: «ya no puedo más», «acabaré con todo esto», «esto no es vivir», «no encuentro ninguna salida», «no hay solución».

- Despedidas raras: la persona deprimida, sin motivo aparente, habla como si se fuera a ir de viaje, diciendo frases del tipo: «cuidad de mis cosas», «siempre os querré», «habéis sido muy buenos conmigo», «adiós y hasta siempre».

---

63 El material de este apartado tiene como referencia Grupo de Trabajo sobre Prevención y Tratamiento de la Conducta Suicida. *Guía de Práctica Clínica sobre el Manejo de la Depresión Mayor en el Adulto*. Ministerio de Sanidad y Asuntos Sociales, Madrid, 2014. Es muy recomendable la lectura del Anexo 1 "Información para pacientes y familiares".

- Una aparente tranquilidad repentina cuando el paciente pasaba unos días agitado puede significar que ha tomado una decisión drástica.

- Estas señales de alerta podrían ser también una petición de ayuda y nos proporcionan una oportunidad (tanto a la familia como a amigos, conocidos y profesionales de la salud) para intervenir y prevenir la conducta suicida, intentando no reaccionar de modo exagerado y manteniendo la calma.

La familia tiene que comunicarle que hay ayuda disponible y que con la asistencia profesional correcta es posible que pueda manejar sus problemas y sentirse mejor en el futuro. Ante cualquier cambio emocional importante y/o verbalización del deseo de morirse, la familia debe consultar de forma inmediata con su médico o con el servicio de urgencias de su centro de salud.

Se debe informar a la familia acerca de los síntomas de la depresión que originan sentimientos y emociones en la persona que le hacen sentirse hundida y desesperanzada; es por ello que en algunas ocasiones el paciente quiere liberarse de estos sentimientos y piensa en el suicidio como única vía de escape. Por este motivo, el profesional debe insistir en que la depresión es una enfermedad que puede ir acompañada de ideas suicidas que requieran asistencia profesional urgente, y en algunas ocasiones precisen de ingreso hospitalario.

La ideación suicida provoca diversos sentimientos y reacciones en la familia, como sentir tristeza e impotencia por creer que lo que hacen por su familiar enfermo no le es de ayuda. En ocasiones, la familia expresa que se siente impotente y sobre todo culpable por no saber actuar correctamente con su familiar. Es por ello necesario que la familia conozca que los sentimientos y emociones del paciente están relacionados directamente con su enfermedad y, por tanto, «no hay responsables ni culpables» de su estado de ánimo negativo.

Por el contrario, hay que resaltar que el apoyo familiar, en la mayoría de las ocasiones, es un motor de ayuda para que el paciente mejore su estado de ánimo deprimido.

Preguntas para la reflexión

1. ¿Por qué es fundamental escuchar las vivencias de la persona deprimida?
2. Describa acciones y actitudes para fomentar el acompañamiento de la persona deprimida del "valle de sombra" hacia la "montaña".
3. Identifique creencias/ideas irracionales de una persona que sufre una depresión. ¿Por qué son irracionales? ¿De qué formas se pueden confrontar con ideas racionales?
4. ¿Por qué la familia y en especial el cónyuge, su ayuda y soporte emocional resulta fundamental para la recuperación de la persona deprimida?
5. Ante una persona que verbaliza el deseo de suicidarse, ¿cómo reaccionaría según lo que hemos expuesto?

4. EL *DESIERTO* UN LUGAR PARA ENCONTRAR A DIOS

Derrama en un poema, una carta,
un dibujo, un artículo periodístico o una
conversación imaginaria con quien ya
no está, los sentimientos que nunca
tuviste ocasión de expresar.
Esto ayudará a tu curación. ◆

Tal como hemos señalado a lo largo de este libro, las personas que sufren depresión se sienten desesperanzadas, sin futuro ni perspectivas. Esta falta de esperanza empeora los síntomas y está ínfimamente relacionada con la dimensión existencial de la persona. Del mismo modo, el cristiano que sufre una depresión también se siente con falta de perspectivas y de esperanza en el futuro; para él no existe ilusión ni motivación. Cada día es vivido con una terrible monotonía, pensando que mañana será igual que hoy, y el hoy es igual que el ayer.

La experiencia de la enfermedad es común a todas las personas y épocas. El dolor y el sufrimiento, tanto físico como emocional, nos limita, nos despoja de nuestra alegría de vivir, nos hace sentir más vulnerables y frágiles. Estas experiencias son universales; así los poetas, escritores, pintores y músicos han plasmado sus estados depresivos en sus obras; transmitiendo a través de sus creaciones, sus momentos de melancolía, duelo, desesperanza y miedo.[64]

4.1 *El impacto de la depresión en la vida del creyente*

La depresión ha sido definida como un "hundimiento vital"[65]. Es por ello que toda depresión va a configurar nuestra vivencia biográfica y social influyendo en nuestra concepción del mundo, de las relaciones interpersonales y sociales, afectando nuestra relación con Dios y con la iglesia. En palabras de Moltmann:[66]

> "La enfermedad y el sufrimiento ponen en tela de juicio el sentido o el sinsentido de lo que se vive. O bien hacen absurda la vida, o bien constituyen una propuesta contra

---

64 Es muy recomendable la lectura del trabajo realizado por Adrián Sapeti, donde recopila las experiencias depresivas de escritores, pintores y músicos de todas las épocas. (Cf. A. Sapeti, Los *artistas y la depresión Aun en las más altas cimas hay nubarrones (*en línea*),* http://www.gador.com.ar/iyd/psiquiatria/pdf/sapetti_01.pdf (Consulta: 2 de febrero de 2015).

65 F. Alonso-Fernández, "Las cuatro dimensiones del enfermo depresivo" *Salud Mental,* 32 (2009) 443-445.

66 J. Moltmann: *Diaconía en el horizonte del reino de Dios. Hacia el diaconado de todos los creyentes*, Santander: SalTerrae 1987, 107. La negrita es nuestra.

la absurda normalidad. A este respecto, la enfermedad y el sufrimiento se viven como **crisis** de la confianza originaria."

Es desde este planteamiento existencial, que la acción pastoral se focaliza en la experiencia de crisis y como ésta afecta todas las dimensiones de la persona que demanda ayuda, en especial en su relación con Dios. Cuando la crisis impacta en nuestras vidas nos paraliza, de repente todo aquello que tenía significado y propósito se empieza a tambalear. Nuestras grandes o pequeñas seguridades exteriores se resquebrajan; nuestra seguridad interior se empieza a desvanecer. Es en este contexto de inseguridad donde la crisis cuestiona nuestra manera de entender y vivir la vida. Nuestra fe empieza a desmoronarse y surgen las dudas y las incertidumbres acerca de la cercanía de Dios: ¿dónde estás?, ¿por qué lo permites?, ¿te has alejado de mí para siempre? Son preguntas que taladran nuestra fe y cuestionan nuestra esperanza en el Señor que rescata y salva a sus hijos. Es en este hundimiento vital donde las palabras del salmista cobran todo su significado:

> *"Dios mío, de día clamo y no respondes; y de noche, pero no hay para mí reposo"* Sal. 22:2 (BLA)

> *"Han languidecido mis ojos a causa de la aflicción; oh SEÑOR, cada día te he invocado, he extendido mis manos hacia ti."* Sal. 89:9 (BLA)

> *"Tenme compasión, SEÑOR, que estoy angustiado; el dolor está acabando con mis ojos, con mi alma, ¡con mi cuerpo!"* Sal. 31:9 (NVI)

Del mismo modo, Job ante el sufrimiento físico y emocional que vive, se cuestiona la ayuda y el auxilio de Dios:

> *"Por tanto, no refrenaré mi boca, sino que hablaré en la angustia de mi espíritu y me quejaré en la amargura de mi alma".* Job 7:11 (RV 95)

"Ya la vida se me escapa; los días de aflicción me aplastan". Job 30:16 (TLA)

"La vida se me escapa con la velocidad del rayo. ¡Ya he perdido toda esperanza! Acuérdate, Dios mío, que mi vida es como un suspiro y que no volveré a saber lo que es la felicidad". Job 7:6-7 (TLA)

Tanto en el Salterio como en el libro de Job se describe la experiencia del creyente que se siente abatido, solo y sin esperanza. En estos textos *La noche oscura del alma* aparece con toda su intensidad y crudeza. El creyente está convencido que nunca más saldrá el sol en su vida y para siempre permanecerá en el "valle de sombra y de muerte".

El creyente deprimido experimenta un presente lóbrego donde no hay futuro. Como el salmista, sus pies están hundidos en el barro, no hay posibilidad de movimiento, no hay salida ni esperanza. Es en este contexto de hundimiento vital, donde el pastor, bajo la guía del Espíritu, ayudará al creyente a recuperar de forma progresiva la confianza en el Señor de la Vida.

4.2 *"Estoy tan triste y solitario": un acercamiento a la experiencia del salmista*

El Antiguo Testamento utiliza varios términos para hablar del desierto, es decir, el lugar contrapuesto a la tierra cultivada o rica en pastos, habitada y transformada por su trabajo humano. El desierto es una región árida porque carece de lo fundamental: el agua que es fuente de vida. También el desierto es descrito como un lugar terrible y espantoso, en donde sólo viven serpientes venenosas y escorpiones, lugar de peligro y soledad. Es en el desierto, en la tierra yerma y árida donde el salmista sitúa su experiencia vital de desolación y tristeza.

Es por ello que en el Salterio encontramos la expresión poética de los sentimientos y las emociones del salmista cuando interroga a Dios sobre el dolor, el gozo, la vida y la muerte. Esos poemas, cantos e himnos de alabanza, de petición, de penitencia, de alegría siempre tuvieron la finalidad de expresar los sentimientos de fe, amor y reverencia del creyente hacia Dios, como también de ayudar a otros a experimentar y expresar esos mismos sentimientos.[67]

De generación en generación los creyentes han orado y siguen orando con los Salmos. A pesar de ser escritos en un contexto social distinto al nuestro, las experiencias vitales que están detrás de cada uno de los salmos son identificadas como propias: son oraciones elevadas a Dios desde situaciones vitales concretas: la angustia, el miedo, la alegría, la confianza, el agradecimiento, la admiración.

El salmista quiere ir al encuentro de otro orante como él, de otra persona que necesita expresar sus miedos, tristeza y dudas pero también quiere expresar su confianza en el Dios de la vida. De este modo, en todas las etapas y situaciones, hombres y mujeres inspirados y movidos por el Espíritu de Dios han encontrado en el Salterio la expresión de sus experiencias dirigidas hacia Dios. Los sentimientos de desolación, tristeza y abandono son expresados por el salmista con toda una gama de metáforas que describen su estado emocional.

> *Estoy tan triste y solitario*
> *como un buitre en el desierto,*
> *como un búho entre las ruinas,*
> *como un gorrión sobre el tejado.*
> *¡Hasta he perdido el sueño!*
> Sal 102:5-7 (TLA)

---

67 A. Schoekel, *Treinta salmos: poesía y oración,* Madrid: Cristiandad, 1981, 24.

La soledad y la tristeza impregna la existencia del salmista; no hay horizonte de esperanza ni de ilusión; no existe perspectiva mínima de mejora de su situación vital. El lenguaje metafórico que utiliza es muy rico para transmitir cuál es su estado de ánimo: desierto, ruinas, pérdida de sueño. También es interesante señalar que las aves que aparecen en el texto están estáticas, no vuelan, permanecen solas. Así se encuentra el salmista, inmóvil en medio de una vida que experimenta como ruinosa y sin sentido.

Es en el salmo 88 donde encontramos una de las descripciones más sobrecogedoras de la depresión de cuantas hay en toda la literatura sapiencial:[68]

> Dios mío,
> tú eres mi salvador;
> día y noche pido tu ayuda.
> Permite que mi oración
> llegue a tu presencia;
> ¡presta atención a mis ruegos!
> Sufro tantas calamidades
> que estoy al borde de la muerte.
> ¡Parece que ya no tengo remedio!
> ¡Hasta hay quienes me dan por muerto!
> Parezco un cadáver ya enterrado,
> al que nadie toma en cuenta
> porque la muerte se lo llevó.
> Es como si estuviera
> en el barranco más oscuro.
> El golpe de tu furia
> ha caído sobre mí;
> es como una inmensa ola
> que me ha hecho naufragar.
> Por ti he perdido a mis amigos;

---

68 E.R. Ruíz, "El Salmo 88 y el enigma del sufrimiento humano", *Revista Bíblica* 61 (1999) 209-247.

me consideran repugnante.
Es como si estuviera preso
y no encontrara la salida.
Es tan grande mi tristeza
que se llenan de lágrimas mis ojos.
Hacia ti, Dios mío, tiendo los brazos,
y te llamo a todas horas.
Sal 88:1-10 (TLA)

Por el contexto del salmo, podemos suponer que el momento existencial cumbre es la experiencia de la *noche oscura*,[69] el momento vital de mayor abatimiento y resquebrajamiento de toda esperanza. Por ello, el salmista quiere compartir estos sentimientos de profunda tristeza y para ello utiliza metáforas y comparaciones que nos pueden dar idea de cómo se encuentra su corazón: *"la oscuridad es mi única compañera"* (v.19).[70]

La oscuridad, el silencio, la ausencia de sentido envuelven e impregnan la vida del salmista de tal manera que su vida es no-vida; es por ello que se compara con un muerto: *"Parezco un cadáver ya enterrado, al que nadie toma en cuenta"* (v.4). La expresión utilizada por el salmista es de una gran dureza,

---

69 *Noche oscura del alma* es una metáfora utilizada para describir una fase en la vida espiritual de una persona, marcada por un sentido de soledad y desolación. *La noche oscura del alma* es el título de un poema escrito por el poeta español del siglo XVI Juan de la Cruz. Su poema narra el viaje del alma desde su casa corporal hasta su unión con Dios. El viaje ocurre durante la noche, que representa las dificultades que el alma afronta en viajar desde el mundo y llegar a la luz de la unión con el Creador. Hay unos cuantos pasos en esta noche, que se relacionan en sucesivas estrofas (Cf. R.A. Herrera, "Conocimiento y metáfora en San Juan de la Cruz", *Revista de Espiritualidad, 25* (1966) 598.

70 H.J. Kraus, *Los Salmos. Sal 60-150. Volumen II,* Salamanca: Sígueme, 1995, 287-297.

se siente enterrado, sepultado, ya no sirve para nada, el olvido es su destino.

El salmista es un creyente que ha hecho una experiencia de la salvación de Yahvé en su vida: lo llama *"Dios de mi salvación"* (v.30). Esa experiencia ha iluminado y guiado su existencia, dándole esperanza y fuerzas para seguir clamando durante el largo tiempo de su vida. Pero un día llegó la "noche", el momento en que todo se oscureció, sus certezas se resquebrajaron y con ellas la confianza en su Dios. Una vez más, desde la oscuridad más absoluta, desde el abismo del sinsentido, vuelve a elevar su grito. ¿Qué le pide a Dios? Su petición se reduce al mínimo: que al menos lo escuche. No le pide que lo salve ni que le responda, como a Job, sino al menos, que lo escuche. Tiene algo importante que decirle, como si fuera la expresión de su última voluntad.

El resto de la primera parte (vv.4-10a) es importante porque nos explica en qué consiste su situación: ha sufrido hasta hartarse, y en esa situación está llegando al final de su vida. No es la falta de fe, sino precisamente su presencia la que hace que todo se vuelva aún más confuso. La lamentación es expresión de una fe profunda en un Dios que es salvador, pero que misteriosamente no se manifiesta como tal en esta situación concreta.

Probablemente el autor de este poema conoce muchas de las respuestas y de las propuestas que desde la fe de Israel, se ofrecían a la realidad del que sufre. Pero se da cuenta que, en última instancia, ninguna de ellas puede ser utilizada para "explicar" todas las situaciones posibles. Se sitúa intencionalmente en un nivel que está más allá de las categorías éticas *justo/culpable*, *premio/castigo*. Se trata de una relación vital, entre un Dios omnipotente y un ser humano reducido a la impotencia. Es esta relación la que experimenta una crisis, y es en términos de relación donde se busca la respuesta. Una respuesta que nunca será definitiva, al menos en esta etapa del camino que es nuestra existencia terrena. El final abierto y oscuro del salmo es una provocación a seguir buscando y a ser capaces de convivir con las tinieblas del no comprender plenamente.[71]

4.3 El encuentro con el Señor de la Vida

Pero en el desierto no todo es aridez y desolación; también se puede ver las dunas de día y las estrellas de noche. En el AT se nos describe el desierto como un lugar de paso hacia la tierra prometida. El desierto no es la meta ni el ideal, sino el paso de la esclavitud a la libertad. También en el desierto se puede saborear la paz y gustar la calma. El desierto es el lugar donde Dios está más cerca, porque no hay nadie más, por tanto es lugar de encuentro y de intimidad. En el desierto el tiempo parece ir más lento; la prisa y la agitación dejan paso a la contemplación pausada. En el desierto encontramos oasis donde poder descansar y escuchar.

El desierto es una oportunidad, que exige hacer un proceso no siempre fácil. Es necesaria una pedagogía para vivir nuestra fe en tiempos en los que a Dios no se le entiende ni se le encuentra, ni se le comprende con facilidad. Hay algo en la metáfora del desierto que hoy es vital recuperar: el abandono en Dios aun en momentos de dificultad; urge volver a confiar en el Señor de la Vida. Tenemos que recuperar la importancia y la bondad de las crisis, de las noches oscuras (pequeñas o grandes), de las luchas espirituales para poder encontrarnos con Dios. Esta relación con Dios se da y se enriquece en el páramo yermo, porque en el desierto estamos solos con Dios; no hay nada que nos pueda distraer; no hay posibilidad

---

71 Ver nota bibliográfica número 68.

de ocuparnos en hacer alguna actividad. Es necesario ver la realidad con ojos nuevos para comprender que el desierto no es una losa que imposibilita toda salida, sino un camino que lleva a la tierra de promisión.

Somos conscientes que en la *"fosa de oscuridad"* nuestro ánimo es débil, la tristeza nos embarga y el futuro pierde todo su sentido de esperanza; sólo existe un presente de desolación. Pero si somos capaces de confiar, como Jesús, hasta el final, de esperar contra toda esperanza, entonces estará empezando a surgir en nosotros una nueva relación con Dios. Y esta relación deviene nueva, porque no se trata de creer apoyados en nuestra experiencia, sino de dejar que Dios sea Dios en nosotros. Se trata de sentir en lo profundo de nuestro ser nuestra necesidad de sentido vital. Es entonces cuando podremos enraizarnos, como el árbol, en aguas vivas que revitalizan nuestra vida (Sal.1, 1). De este modo nuestra fe y confianza en Dios empezarán a renovarse.

El desierto de nuestras vidas nos dice que la ausencia de Dios es, por una parte, apariencia, ya que Dios habla aun a través de ese silencio y, por otra parte, es totalmente real, ya que Dios no se deja atrapar por nuestras explicaciones, ni siquiera por nuestras experiencias. Dios aparece y está presente siempre al ser humano como silencio. Se implica en un diálogo con el ser humano que muchas veces nos resulta incomprensible, pero que es el camino para entrar en la auténtica revelación de quién es el Insondable.[72]

---

72 Este binomio ausencia-cercanía de Dios es el hilo conductor de la investigación doctoral elaborada por E. Sanz Giménez-Rico, *Cercanía del Dios distante. Imagen de Dios en el libro del Éxodo*, Madrid: Universidad Pontificia Comillas, 2002.

Preguntas para la reflexión

1. ¿Hemos experimentado la soledad del "desierto?
2. ¿Qué sentimientos hemos experimentado en nuestro caminar por la "tierra árida"? ¿Son nuestros sentimientos equiparables a los del salmista? ¿Con cuáles nos identificamos más y por qué?
3. En nuestro andar por el "desierto", ¿qué dimensión cobra la esperanza cristiana?
4. A pesar de sentirnos solos y percibir que Dios está muy lejos de nosotros, Su presencia también está con nosotros en el "desierto". ¿Qué experiencia tiene más transcendencia en nuestra vida?
5. En nuestro transitar en la vida, ya estemos en tierras yermas o en pastos verdes, desde la experiencia de la fe en Jesús, este caminar ¿lo realizamos a solas o en compañía de la comunidad de fe? ¿Qué implicaciones tiene vivir desde un modo u otro?
6. ¿Qué lugar ocupa la comunidad de fe en mi entendimiento de lo que implica la salud y la enfermedad?

5. EL ACOMPAÑAMIENTO Y EL CUIDADO PASTORAL EN LA DEPRESIÓN

Hay veces en que lo mejor que se puede hacer
es confortarse con pequeños placeres: un buen
café, un ramo de flores, un baño relajante,
momentos vividos al amor de la lumbre.♦

Definir con precisión el rol pastoral en el contexto de la depresión y el sufrimiento emocional es complicado, debido, entre otros factores, a que no existe una única definición del rol del ministerio pastoral en el abordaje de la depresión. La función pastoral viene configurada según la tradición de cada iglesia y de la formación teológica que se ha recibido. Pero independientemente del contexto eclesial, existe una opinión generalizada para afirmar que la tarea principal de los pastores es: *"capacitar al pueblo de Dios para la obra de servicio, para edificar el cuerpo de Cristo"* Ef. 4,12 (NVI).

Desde la perspectiva del cuidado pastoral, la depresión mayor siempre va asociada con la aparición de una crisis vital que hace tambalear nuestra vida y que genera sufrimiento emocional, soledad y perplejidad. La crisis irrumpe en nuestra vida con total virulencia, afectando radicalmente nuestra percepción de la realidad. Al respecto Torres Queiruga señala:[73]

> "una característica muy específica de la crisis es que deja al descubierto los fundamentos. Al entrar en crisis las ideas hacen patentes las creencias: cuando se conmueven los conocimientos, conceptos y opiniones que conscientemente manejamos –las ideas–, surge la conciencia de las creencias en que se alimentaban; es decir, surge la conciencia de aquellas convicciones profundas que se dan por sabidas y que, por eso, no se piensan conscientemente".

Esta reflexión nos parece pertinente y necesaria porque pone de manifiesto la relación entre las creencias y sus fundamentos; de tal modo que cuando aparece la crisis como un terremoto que sacude nuestras vidas, se ponen en evidencia los fundamentos donde se anclan nuestras creencias. En efecto, la crisis hace tambalear los cimientos donde están ancladas nuestras creencias y cuestiona la relación que tenemos con Dios, y con la iglesia. La crisis, además, cuestiona nuestra manera de entender y vivir la vida desde nuestra fe y compromiso cristiano; y es entonces, cuando surgen las dudas y las incertidumbres acerca de la cercanía de Dios: ¿dónde estás?, ¿por qué lo permites?, ¿te has alejado de mí para siempre? Son preguntas que taladran nuestra fe y cuestionan

---

73 A. Torres-Queiruga, *Recuperar la Salvación*, Santander: Sal Terrae, 1995, 50.

nuestra esperanza en el Señor que rescata y salva a sus hijos. *La noche oscura del alma* aparece con toda su intensidad y crudeza, creemos que nunca más saldrá el sol en nuestra vida y para siempre permaneceremos en el "valle de sombra y de muerte".

Este es el posicionamiento vital de la persona creyente que experimenta una situación de crisis y es donde se *sitúa* existencialmente; este es el *locus* donde se desarrolla la cura de almas. Es en este momento vital de extrema fragilidad y vulnerabilidad donde el pastor ejercerá el discernimiento espiritual y la reflexión teológica, reafirmando el poder de la Escritura y de la oración como agentes de revelación e iluminación para el cambio. Además, esta acción pastoral está íntimamente conectada a la eclesiología, así el cuidado pastoral viene enmarcado en la comunidad de seguidores y seguidoras de Jesús donde el cristiano deprimido vive y comparte su experiencia de fe.

5.1 Definición del cuidado pastoral

No existe acuerdo para definir el término para describir la acción pastoral ante una persona que demanda ayuda; así encontramos los términos: "consejo pastoral", "dirección espiritual", "guía pastoral", "asesoramiento pastoral" y "psicología pastoral" entre otros.[74] Al ser términos sinónimos,

---

74 Rice profundiza en la polisemia del significado de la acción pastoral situándola en su contexto histórico y social. Cf.: H. Rice, *El Pastor como guía espiritual*, Barcelona: Portavoz, 1999, 21-35. También Jorge A. León realiza una interesante reseña histórica de la Psicología Pastoral y su influencia en el ámbito protestante y católico Cf.: *Síntesis histórica de la Psicología Pastoral*, (en línea), http://www.psicologiapastoral.com.ar/frame_completa.php?subaction=showfull&id=1193545925&archive=&start_from=&ucat=1. (Consulta: 2 de mayo de 2014).

no se puede establecer una diferencia nítida y clara entre ellos. Es por ello, que las acepciones que describen la acción pastoral en el contexto de la relación de ayuda, son utilizadas, usualmente, de forma indistinta.

Creemos que es necesario realizar un esfuerzo para definir cuál es el término que mejor define el rol del pastor en el contexto de la asistencia al creyente con depresión; de este modo se podrá perfilar con más nitidez y claridad cuál es el rol propio del pastor. Para describir esta acción propia del pastor preferimos utilizar el término clásico de cura de almas.[75] En nuestra opinión creemos que es necesario diferenciar algunas prácticas que son más propias de los profesionales de la salud (diagnóstico diferencial, tratamiento psicofarmacológico, psicoterapia, evaluación de la remisión de la sintomatología, presencia de comorbilidad, etc.), de la acción más propia del pastor, que nosotros la enmarcamos dentro del término de cura de almas.[76]

5.2 ¿Qué entendemos por alma?

Posiblemente a más de un lector, le sorprenda la utilización de la palabra alma, ya que este término desde un planteamiento de la filosofía griega se relaciona en contraposición al término cuerpo. Es por este motivo que de forma breve nos acercaremos a la etimología de la palabra alma desde

---

75 La pastoral reformada está relacionada con la cura de almas. Esta es una labor encaminada a la observación antropológica y cultural por la cual el Pastor tiene que ser un conocedor de su contexto y de quienes ministra.

76 El pastor Ekkehard Heise ha elaborado un excelente trabajo sobre la cura de almas. Cf.: *Cura de almas, el rescate de un concepto tradicional,* recuperado de http://www.ekkehard-heise.de/html/poimenica.html

las Escrituras para recuperar su verdadero significado. El pensamiento hebreo, formulado en el Antiguo Testamento, considera al ser humano de modo sintético, reconociéndolo así antropológicamente como un ser múltiple en la unidad.

La Biblia distingue entre *néphesh* (aliento, vida, sujeto de la vida corporal y de los deseos), *ruach* (la realidad espiritual del ser humano), *basar* (transitoriedad de la creatura) y *leb* (libertad personal de decisión). Pero estas realidades son aspectos del ser humano, que es una unidad global basada en ser imagen de Dios, realizada en el varón y la mujer. El ser humano no es la simple sumatoria de *néphesh + ruach + basar + leb,* sino imagen de su creador como *néphesh, ruach, basar* y *leb.*[77] Se ha señalado que la palabra hebrea *néphesh* puede ser traducida con cierta legitimidad con el término *alma*, pero sin concebirla como la 'forma' del cuerpo. Debemos insistir que en la antropología judía el *néphesh* no es una 'parte' que juntamente con el cuerpo compone el ser humano; designa, por el contrario, la persona entera en cuanto animada por un espíritu de vida. Propiamente hablando, no habita en un cuerpo, sino que se expresa por el cuerpo, el cual, al igual que la carne, designa también al hombre entero.[78]

Los evangelios sinópticos y en general el Nuevo Testamento mantienen una continuidad de lenguaje y de conceptos con la antropología del Antiguo Testamento y del judaísmo.[79]

---

77 W. Beinert, "La Problemática Cuerpo-Alma en Teología", *Selecciones de Teología»* 161 (2002) 39-5.

78 El hebreo bíblico no posee una palabra para expresar la realidad 'cuerpo'. Con el término *bâsâr* se expresa tanto la 'carne' como el 'cuerpo'. Cf. Léon-Dufour, X, voz *Hombre*, en Vocabulario de Teología Bíblica, Barcelona: Herder 1988, 391.

79 El substantivo *psyché* sólo se emplea 13 veces en las epístolas paulinas (101 veces en el Nuevo Testamento) y el adjetivo *psychikos* 4 veces. Se observan dos líneas de fondo en el uso paulino de *psyché / psychikos,* sin que sea posible definir una evolución dentro de ellas

Con la mediación de la traducción griego-alejandrina del Antiguo Testamento, las palabras y los conceptos claves de la antropología veterotestamentaria pasaron con bastante exactitud al Nuevo Testamento. Así, *bâsâr* es traducido por las palabras griegas *sarx* (carne) y *sóma* (cuerpo), ya que en griego existe, al contrario que en hebreo, una palabra especial para designar la carne y otra para designar el cuerpo; *néphesh* es traducido por *psyché* y *rûah* por *pneúma*. Por tanto en la concepción neotestamentaria el hombre es cuerpo viviente (animado), y las palabras cuerpo y alma designan las distintas formas fenoménicas de la unidad del ser humano.[80]

En el Nuevo Testamento san Pablo reacciona a la antropología gnóstica y dualista de los corintios. Para ellos, lo que afecta al cuerpo no afecta para nada al alma. Para la antropología judía, sin embargo, la persona forma un todo indisoluble. La salvación es también global: Dios salva a la persona en cuerpo y alma, la salva en su totalidad. El cuerpo es objeto de la acción divina y está radicalmente asociado a la vida nueva en Cristo Jesús.[81]

Ya hemos señalado que en el AT la palabra alma –*néphesh*– es polisémica. Esta riqueza de significados se observa en las

---

En cierto número de casos, *psyché* es equivalente de vida (Rom 16,4; Flp 2,30).También, *psyché* designa igualmente a la persona humana en cuanto individuo (Rom 2,9; 13,1). Estas dos acepciones, presentes en los Setenta, traducen muchas veces al hebreo *nephesh*. *Psyché* parece estar más cerca de *kardía* (corazón), implicando una connotación de interioridad, de energía, de afectividad (1 Tes 2,8; Col 3,23; Ef 6,6). También está cerca de *pneuma* (espíritu). Cf. M. Bouttier, et. al., "Vocabulario de las epístolas paulinas", Estella: Editorial Verbo Divino, 1996.

80 K. Schelkle, *Teología del Nuevo Testamento*, Barcelona: Editorial Herder 1975, 140.

81 J.G. Nadeau, « Non! Le christianisme n'a pas dissocié l'âme et le corps », *Prêtre et Pasteur,* 107 (2004) 194-202.

diferentes traducciones que se utilizan en las versiones de la Biblia; veamos algunos ejemplos donde la palabra alma se ha traducido con otra acepción:

*"Por lo tanto, si obedecen los mandamientos que hoy les he dado, y aman y adoran a Dios con todo lo que piensan y con todo su **ser**."* Dt 11:13 (TLA)

*"Poned, pues, ahora vuestros corazones y vuestros **ánimos** en buscar a Jehová vuestro Dios; y levantaos, y edificad el santuario del Dios Jehová, para traer el arca del pacto de Jehová, y lo santos vasos de Dios, a la casa edificada al nombre de Jehová".* 1 Crónicas 22:19 (RVA)

*"Mi **corazón** está angustiado; ¿cuánto falta, oh Señor, para que me restaures?"* Salmos 6:3 (NTV)

*"¡Mira a los orgullosos! Confían en sí mismos y sus **vidas** están torcidas. Pero el justo vivirá por su fidelidad a Dios".* Habacuc 2:4 (NTV)

*"Entonces voy a pedirles algo que me haría completamente feliz: tengan la misma manera de pensar, el mismo amor y las mismas **metas**".* Fil. 2:2 (PDT)

Ello nos transmite la idea fundamental de que la vida del ser humano es una, indivisible, que no se puede fraccionar en parcelas. Por tanto el alma alude a la persona en su totalidad, sin fisuras. Es en este contexto de globalidad del ser humano donde tiene sentido hablar de curas de almas, que se centra en la persona en su totalidad. El pastor ayuda a la persona deprimida a descubrir qué significados da a su experiencia de sufrimiento emocional y de difuminación de su proyecto vital desde su experiencia de fe y seguimiento a Jesús.

Este enfoque constituye el *locus* donde el pastor, bajo la guía del Espíritu Santo, ejerce su función del cuidado pastoral. En las siguientes secciones abordaremos con mayor amplitud de que forma la depresión impacta en la experiencia de fe de la persona deprimida y de que formas se puede ir articulando el cuidado pastoral.

5.3 El cuidado pastoral a través de la cura de almas

La palabra *cura* procede del latín y tiene un significado polisémico: cuidado, solicitud, atención, asistencia, preocupación. En su forma más antigua, *cura* en latín se escribía *coera,* y era utilizada en un contexto de relaciones de amistad. Expresaba la actitud de cuidado, desvelo, preocupación por el prójimo.[82] De este modo, cuidar implica tener intimidad, disposición de ayuda con la intención de proporcionar alivio y sosiego al ayudado. Desde este planteamiento, podemos decir que la función pastoral tiene como eje de su actuación esta actitud de cuidado hacia la persona sobrecargada emocionalmente.

En este punto, es preciso realizar algunos puntos necesarios para evitar confusiones y malos entendidos. En primer lugar, la cura de almas no sustituye ninguna otra intervención terapéutica sea esta psicoterapéutica y/o farmacológica, sino que las complementa. Es más, creemos que la función pastoral también debería alentar al ayudado a seguir con su tratamiento y seguimiento con los profesionales de la salud que le están realizando su seguimiento clínico y terapéutico.[83]

---

82 L. Boff, *El cuidado esencial,* Madrid: Trotta 2002, 172-173.

83 En el mundo anglosajón encontramos diversas áreas de colaboración interdisciplinar entre profesionales de la salud mental y ministerios pastorales. Como ejemplo de esta colaboración resaltamos el trabajo de coordinación y colaboración entre *Pathways to Promise* y *The National*

Desde esta amplia definición, la cura de alma es entendida como el cuidado de la persona donde la acción pastoral se nutre principalmente de la teología práctica y provee el contexto para dirigir al ayudado en su reconciliación, sanidad y búsqueda de sentido de la crisis.[84] Esta relación personal se fundamenta en el respeto incondicional a la persona que solicita ayuda, de esta forma se crean los lazos de confianza y empatía que posibilitan la relación de ayuda.

Siguiendo a Buber, la esencia del ser humano es la relación "yo-tú", y es a partir de esta interacción personal, donde en el entramado de las relaciones personales se manifiesta: *"el contemplar y ser contemplado, el conocer y ser conocido, el amar y el ser amado"*.[85] Para el pensador vienés la relación interpersonal fundamenta toda actividad acorde con la propia dignidad humana de cada uno. Por tanto, hay que ir más allá de la experiencia y reivindicar el encuentro, ya que sólo mediante él se obtiene el reconocimiento de la alteridad sin perder la propia identidad personal.

Es en este encuentro donde se percibe la extrema fragilidad y vulnerabilidad producidas por la depresión. Es en este contexto de intimidad, donde se descubre la presencia de Dios; este es un proceso lento que requiere sensibilidad y cuidado. Se deben respetar las pausas, los silencios y las palabras entrecortadas por el llanto. La relación de ayuda

---

Alliance on Mental Illness (NAMI) que es la organización de salud mental más importante de los EEUU dedicada a mejorar la calidad de vida de las personas con depresión y las de sus familiares (Cf. http://www.pathways2promise.org/).

84 W.A Clebsch., C.R. Jaekle, *Pastoral Care in Historical Perspective*, New York: Harper & Row 1964, 4.

85 M. Buber, *Yo y tú*, Madrid: Caparrós, 1993, 94-95.

permite manifestar la perplejidad, la debilidad y la duda que impregna toda la existencia. Este drenaje emocional permite liberar emociones que estaban encapsuladas y ahora pueden fluir libremente.

Esta verbalización del sufrimiento emocional es necesaria porque lo mitiga y alivia, pero la acción pastoral se focaliza en que el creyente dote de significado y sentido desde la experiencia de fe en Jesús, lo que está ocurriendo. De este modo, aunque es real la experiencia de sentirse viviendo en la oscuridad más densa, también es real que Su presencia nos acompaña y conforta por este transitar por el "valle de sombras".

La cura de almas se diferencia pues de otras formas de intervenciones pastorales en que no se centra en esclarecer los procesos psicológicos que acontecen en una situación determinada, explicando su etiología. Por el contrario, la cura de almas ayuda a la persona a superar las dificultades consigo misma, con los demás y con Dios. Por eso incluye los conceptos teológicos propios del anuncio cristiano: pecado y salvación, culpa y perdón, juicio y gracia, muerte espiritual y renacimiento. En palabras de Castro[86] la cura de almas es:

> "Encontrarse con una persona con la seguridad de que Dios preside esa reunión, buscando discernir con claridad su situación, ofreciéndole, a través de una comprensión de la misma, la posibilidad de encontrar su libertad sumándose al esfuerzo liberador que Dios quiere desarrollar en todos los niveles de la vida humana".

---

86 E. Castro, *Hacia una pastoral latinoamericana.*, San José, Costa Rica: Publicaciones Independiente, Seminario Bíblico Latinoamericano 1974, 181.

El pastor se siente instrumento de una acción en la que el Espíritu Santo es el protagonista, y el acompañado busca con la ayuda recibida la voluntad y la guía de Dios en su vida. El cuidado pastoral debe recuperar la acción terapéutica de la lectura y meditación de la Palabra que van dirigidas al corazón, interpelan nuestra vida, nos dan serenidad y paz. De este modo, el Espíritu produce en nosotros un cambio de *mirada* de la realidad; ya no la percibimos tan amenazante sino que nos sentimos más seguros y confortados.

Para el judaísmo del AT, Yahvé es ante todo el Señor, él que siempre está por encima de nosotros. Para Israel, Yahvé es el único y verdadero Dios. Jesús es un verdadero israelita, pero su fe y confianza se adentra de tal modo en el ser de Dios que toma una forma totalmente nueva. La experiencia que Jesús tiene de Dios se concreta en el nuevo sentido que da a su relación con el Padre. La actitud filial de Jesús ante Dios Padre es fundamental. Es una relación única, no compartida en su profundidad por ningún otro hombre.

Jesús siente en su vida la presencia amorosa de Dios y la comunica llamándole *Abba*. Torres Queiruga[87] llama la atención sobre el hecho de que ni siquiera las mejores traducciones actuales logran transmitir la radicalidad de Jesús para llamar *abba* ("papá") a Dios, pues a lo mucho se llega a traducir como "padre querido".

---

87 A. Torres Queiruga, *Creo en Dios Padre. El Dios de Jesús como afirmación plena del hombre.* Sal Terrae: Santander, 1986, 93.

5.3.1 *La centralidad de la oración y de las Escrituras en la cura de almas*

La oración, junto a la lectura de las Escrituras, constituye el núcleo central de la cura de almas. Es por ello que debemos tener un tiempo para orar juntos, para exponer nuestra queja y dolor delante del Padre. La oración y la vida son dos realidades que van de la mano; nuestra relación con Dios se estructura en nuestra vida en los acontecimientos cotidianos. Es por ello que la oración es una experiencia que nace de la misma vida, del interior del corazón, y se expresa como una necesidad que anima y estimula a madurar nuestra fe. Nos puede ayudar tanto la lectura de los Salmos como de algunas de las oraciones escritas por creyentes que también han experimentado la soledad, la incertidumbre y la tristeza profunda (anexo II).

En nuestra oración nos dirigimos a un Dios Padre con confianza filial, la misma que tiene un niño con su padre; esta confianza la expresa Pablo: «*Mirad, no habéis recibido un espíritu que os haga esclavos para recaer en el temor; habéis recibido un Espíritu que os hace hijos y que nos permite gritar: "¡Abba!", ¡Padre! Ese mismo Espíritu le asegura a nuestro espíritu que somos hijos de Dios*» Rm 8, 15-16 - 111 (NVI). Desde este planteamiento radical, Pablo nos recuerda que el temor y el miedo están excluidos de la relación con Dios; por el contrario, nos podemos dirigir a él como *Abba*, como Padre tierno que nos cuida y protege.

Cuando oramos lo hacemos en nombre de Jesús, invocamos a aquel que anduvo haciendo el bien y sanando a los enfermos, que se preocupó de los más débiles, frágiles y vulnerables; que proclamó y vivió el Reino de Dios entendido como posibilidad real de vivir la plenitud de vida. Desde esta experiencia de cercanía de Dios lleno de amor y de ternura, es más fácil orar, de este modo la oración será algo más vivo y natural. Pero la oración no sólo se circunscribe al ámbito individual. La oración, como expresión de fe en el Señor de la Vida, tiene una dimensión comunitaria. Ésta es la promesa de Jesús: «*Yo os aseguro que si dos de vosotros se ponen de acuerdo en la tierra para pedir algo, sea lo que fuere, lo conseguirán de mi Padre que está en los cielos. Porque donde están dos o tres reunidos en mi nombre, allí estoy yo en medio de ellos*» Mt 18, 19-20 (NVI). Los cristianos oramos siempre en comunión con todos los que viven animados por el Espíritu de Cristo. Es en este contexto comunitario donde la petición por las necesidades del hermano/a constituye el eje de las relaciones fraternales. En efecto, el interés y la preocupación por el otro me libera de mi propio egocentrismo para abrirme a los demás; el cuidado fraternal se expresa en la petición al Padre por las necesidades del hermano/a.

Ante una situación de crisis emocional intensa, la oración nos permite aliviar nuestro dolor. En la primera fase de la depresión, es cuando los síntomas (tristeza vital, llanto, cansancio, desinterés por todo, etc.) emergen con más intensidad. Esta etapa se vive con perplejidad e incertidumbre, es imposible articular un discurso coherente y estructurado, no hay palabras ni expresiones para explicar y describir cómo se siente la persona. Un *huracán* ha arrasado su corazón, se siente vacía, sola, sin palabras. Es en este contexto, cuando el pastor/a debe facilitar la expresión de sentimientos, tanto positivos como negativos hacia Dios a través de la oración.

La oración en un momento de crisis nace de lo más profundo de los corazones. Hay que respetar los silencios, los llantos y suspiros. La oración saldrá a borbotones, entrecortada por las lágrimas y el llanto, interrumpida por el silencio. Es una oración de queja, de lamento y súplica. Al acabar la oración, es necesario que el pastor acabe con otra oración dando gracias a Dios por su presencia, por el consuelo de su Santo Espíritu en medio del sufrimiento, por la comunidad de fe que acoge nuestro dolor y nos abraza y reconforta.

5.3.2 *Objetivos y acciones del cuidado pastoral*

Para que el cuidado pastoral sea posible debe focalizar su ayuda en las siguientes áreas:

a) *Escuchar cuidadosamente lo que la persona dice de sí misma y de su vida espiritual*

En la primera fase de la entrevista es fundamental que el pastor tenga una actitud receptiva y de escucha activa. Para comprender la profundidad del término "escucha" debemos ir a su raíz etimológica: *auscultāre*. Se debe resaltar que este término latino es prácticamente el mismo al utilizado en medicina: auscultación. Esta técnica consiste en aplicar el oído con un fonendoscopio a la pared torácica o abdominal, con el fin de explorar los sonidos o ruidos normales o patológicos producidos en diferentes órganos del cuerpo. Antes de la invención de los diferentes instrumentos médicos para auscultar al enfermo, el médico escuchaba directamente los sonidos corporales aplicando directamente su oído en el tórax o espalda del enfermo. Para realizar esta exploración, era precisa una escucha atenta en un total silencio. Utilizando esta analógica médica, también el pastor debe saber *auscultar* y para ello debe poner su oído en el *corazón* del ayudado, sin prisas, con silencio reverente, presentando atención a cualquier expresión o verbalización del sufrimiento de la persona.

No olvidemos que en este momento la persona deprimida se siente sobrecargada y le cuesta articular con claridad un discurso sobre lo que sucede. Posiblemente sus palabras se entrecorten con el llanto y las lágrimas; es necesario respetar los silencios, las pausas para que el discurso fluya con libertad. El creyente deprimido se siente perplejo, no entiende lo que le ocurre; su estado emocional es de una tristeza que embarga todo su ser; se siente alejado de sus seres queridos, su iglesia y de Dios. No entiende porque el Señor ha permitido que su vida se convierta en un paisaje yermo y árido, sin vida, sin ilusión.

b) *Contextualizar la crisis en la biografía del ayudado*

Después de escuchar la persona, es necesario enmarcar su crisis en el contexto vital donde vive; es decir interesa situar los aspectos concretos dentro del conjunto de la historia personal, y dar a ésta unidad. Las situaciones de crisis no se dan en el vacío; es preciso que la pertsona situé el inicio de su depresión en un momento concreto de su biografía, que intente relacionar qué aspectos laborales, afectivos, eclesiales estaban presentes en este momento cuando empezó a sentirse profundamente triste. Es posible que se pueda establecer alguna conexión: por ejemplo un despido laboral, un traslado a otra ciudad, la aparición de una enfermedad grave de su cónyuge, etc. Pero también se puede dar el caso donde esta relación no se dé, y la manifestación del trastorno depresivo aparezca con toda su dureza.[88]

---

88 Tal como se apuntó en los primeros capítulos, la depresión es un proceso multifactorial y complejo cuya probabilidad de desarrollo depende de un amplio grupo de factores de riesgo, sin que hasta el momento haya sido posible establecer su totalidad ni las múltiples interacciones existentes entre ellos. La investigación de los factores de riesgo de la depresión cuenta con algunas limitaciones: primero, es difícil establecer diferencias entre los factores que influyen en el inicio y/o el mantenimiento de la depresión; segundo, muchos de los factores de riesgo interactúan de tal manera que podrían ser causas o consecuencias de la misma. Además, pocos estudios han valorado su grado de influencia. (Cf. J.A Bellon, et al. "Predicting the onset and persistence of episodes of depression in primary health care. The predict D-Spain study: methodology", *BMC Public Health* 8 (2008) 256.

c) *Iluminar su proyecto vital desde la Palabra de Dios*

*"A las montañas levanto mis ojos; ¿de dónde ha de venir
mi ayuda? Mi ayuda proviene del Señor, creador del cielo
y la tierra."* Sal 121, 1. (TLA)

La persona deprimida percibe que en su caminar diario
se ha interpuesto una barrera infranqueable: una *montaña*
que le impide avanzar. Además, esta *montaña* está llena
de obstáculos y peligros, sus paredes son escarpadas y
resbaladizas, existe un peligro real de caída. Esta experiencia
puede ser comparada con la descrita en el salmo 121. Como
el salmista, su proyecto vital ha sido interrumpido de forma
brusca; la alegría ha desaparecido; no hay perspectiva ni
metas porque una gran *montaña* ha impedido su paso y
tránsito por la vida.

Con el salmista, el pastor debe proponer a la persona
deprimida a hacerse una pregunta fundamental: ¿de dónde
viene mi ayuda? La respuesta no da lugar a la duda y a la
especulación: *"Mi ayuda proviene del Señor, creador del
cielo y la tierra".* Es decir, el salmista nos remite a los textos
de creación de Génesis capítulos uno y dos. De este modo,
se establece una relación íntima entre el Dios que creó al
universo por su soberana Palabra, con el mismo Dios que creó
a Israel cuando lo liberó de la opresión egipcia. El Dios que
habló y mandó a las estrellas para que nacieran es el mismo
Dios que habla también en los mandamientos.[89]

El Dios creador de cielos y tierra y que liberó a Israel de
Egipto también es nuestro creador. Así según los relatos de
creación, Dios forma al hombre del barro, modelando su

---

89 J. Stam, "Creación, ética y problemática contemporánea", Teología
y cultura, 1 (2004) 21-33.

cuerpo con sus manos como un escultor que hace una imagen humana con gran habilidad. Dios infunde un soplo de vida, un aliento que convierte a la figura inerte en ser viviente. Según la narración de Gn 2,7, el hombre es formado del polvo de la tierra arcillosa, de la misma manera que los animales (Gn 2,19). Pero el hombre se convierte en "un ser viviente" sólo después de que Dios ha insuflado en sus narices aliento de vida para que se convierta "en una persona viva capaz de entrar en relación con Dios".[90] Así, "*el aliento insuflado sobre el hombre no es sólo eso, sino que es sobre todo rûah, espíritu divino comunicado en una relación especial, tan personal que el aliento se da cara a cara sobre el rostro*"[91].

El narrador del Génesis quiere resaltar la relación íntima y de cercanía que establece Yahvé con el hombre y la mujer y que no se da con otros seres vivientes. Para la concepción hebrea, el rostro es justo lo que desvela la persona. La palabra "rostro", en la Escritura, en hebreo "*pānîm*", aparece unas 2100 veces y siempre se encuentra en plural porque el "rostro" asume su condición de puente dialógico cuando se encuentra con otro rostro. Sólo en el encuentro cara a cara el ser humano puede ser considerado persona.[92]

De esta aproximación al relato de la creación del hombre y la mujer en el Génesis, se desprende que el acto creador de Dios es diferente al de los animales, plantas y astros: Dios acerca su rostro para insuflar vida a la figura inanimada. Ahora podemos entender por qué el salmista nos remite

---

90 P. Grelot, *Hombre, ¿quién eres? Los once primeros capítulos del Génesis*, Verbo Divino, Estella, 1976, 22.

91 H. J. Zuñiga, "Una aproximación a la antropología veterotestamentaria: Imagen que manifiesta el Rostro de Dios", Leído el 30 de abril de 2015, disponible en https://www.academia.edu/3580269/Una_antropolog%C3%ADa_b%C3%ADblica_el_Rostro_presente_en_los_rostros

92 Even-Shoshan, *A new concordance of the Bible*, Jerusalem ,1989.

a estos textos de la creación: nos quiere recordar que Dios siempre está dispuesto a insuflarnos vida, nos quiere vivificar. Es por ello que sólo podemos atravesar la *montaña* si Dios nos toma e insufla su aliento vivificador en nuestro rostro. La acción pastoral se debe centrar, con la ayuda del Espíritu, en que la persona deprimida pueda "alzar sus ojos", es decir ver más allá de la *montaña* que bloquea e interfiere su paso, para darse cuenta que existe una realidad más profunda: Dios es su creador, es el que vela en su sueño y lo cuida durante la travesía.

d) *Ayudar a la maduración personal*

Toda situación de crisis viene acompañada por un replanteamiento del proyecto vital, que se puede dar en el área laboral, las relaciones personales, la vida en la iglesia y en la relación con Dios. Utilizando la metáfora de la montaña a la que antes aludíamos, podemos afirmar que existe un "antes" y un "después" del creyente que ha atravesado o está atravesando los senderos escarpados de las montañas. Este es un momento para la reflexión serena, para iniciar una conversación fructífera entre el pastor y el creyente. A modo de sugerencia presentamos unas preguntas que pueden ser útiles para proporcionar una guía para el desarrollo de la conversación pastoral:

- En tu experiencia de sentirte deprimido, ¿de qué formas Dios te está ayudando? ¿De qué modo has notado su presencia?
- En este momento, ¿cómo vives tu relación con Dios? ¿Puedes establecer diferencias con experiencias anteriores?
- ¿Con que tipo de imagen asocias a Dios? ¿Por qué?
- ¿Crees que tu relación con Dios se ha visto afectada por la enfermedad?
- ¿Crees que la relación fraternal en el contexto comunitario puede ser beneficiosa para ti?

- ¿Cuál es tu historia bíblica favorita? ¿Por qué?
- ¿Qué actividades eclesiales te aportan un significado especial en tu vida?

Responder a algunas de estas preguntas puede ayudar al creyente a profundizar más en su relación con Dios. Es en este proceso donde el pastor, con la ayuda del Espíritu Santo, realiza la cura de almas acompañando a la persona en la búsqueda de nuevos significados y dimensiones en su experiencia de fe, especialmente en la percepción que tiene de Dios. Al respecto Frielingsdorf[93] ha identificado cuatro tipos principales de imágenes falsas de Dios, que distorsionan la vida espiritual: Un Dios que juzga y castiga, un Dios de la muerte, un Dios contable y legalista y un Dios que exige eficiencia. Ninguna de estas imágenes tiene una correspondencia en las Escrituras, pero muchos creyentes articulan su espiritualidad en alguna de estas percepciones de Dios. Son imágenes de Dios que generan sufrimiento, culpa y ansiedad.

La acción pastoral tiene como objetivo prioritario cambiar estas imágenes distorsionadas de Dios por las imágenes reales que encontramos en la Palabra: el Dios creador (Gn 1; Sal 139), el buen pastor (Sal 23), el Dios misericordioso (Lc 15, 11-32) y el Dios compasivo (Ex 2, 24-25; Mc 1, 41). Los autores bíblicos utilizan diferentes imágenes para explicarnos cómo Dios se relaciona con sus hijos e hijas. Una de las imágenes que más nos va a ayudar en esta fase de cuidado pastoral la encontramos en Os 11, 4.8-9 (DHH):

> "¿Cómo podré dejarte, Efraín? ¿Cómo podré abandonarte, Israel? ¿Podré destruirte como destruí la ciudad de Admá, o hacer contigo lo mismo que hice con Seboím? ¡Mi

---

93 Citado por M. Szentmártoni, *Manual de Psicología Pastoral*; Salamanca: Sígueme 2003, 133-135.

corazón está conmovido, lleno de compasión por ti! No actuaré según el ardor de mi ira: no volveré a destruir a Efraín, porque yo soy Dios, no hombre. Yo soy el Santo, que estoy en medio de ti, y no he venido a destruirte".

Dios se nos presenta con entrañas maternales como alguien que se "estremece", nos atrae con "lazos de amor" y se inclina para darnos de comer. Dios está próximo y cercano a sus hijos e hijas, como aquel que cuida tiernamente a sus criaturas. En Is 49,15 (DHH) la imagen de Dios no es la de un padre sino de una madre[94]: «*¿Puede una madre olvidar a su niño de pecho, y dejar de amar al hijo que ha dado a luz? Aun cuando ella lo olvidara, ¡yo no te olvidaré!*". Posiblemente no encontremos una imagen de Dios más cálida, que represente el amor total y completo.

En el NT la imagen representativa del Dios de amor es la del padre del hijo pródigo (Lc 15,11-32). Es una parábola entrañable y tierna, repleta de imágenes de un Dios que rompe los estereotipos de un Dios frío y distante. El relato lucano nos presenta la actitud de aquel padre: lo vio a lo lejos, se conmovió profundamente, echó a correr, lo abrazó y lo cubrió de besos. Jesús, con esta parábola, nos presenta a un Dios que se conmueve, que se alegra con el retorno del hijo, que lo

---

94 El rastreo de todas las imágenes y simbolismos femeninos para Dios en la Sagrada Escritura se ha llevado a cabo, en la mayoría de las ocasiones, por teólogas. Posiblemente una de las pioneras en adentrarse en este campo haya sido Virginia Ramey Mollenkott con su obra, *The divine feminine. The biblical imagery of God as female.* Además, existen razones exegéticas y hermenéuticas para utilizar tanto metáforas femeninas como masculinas para referirnos a Dios. La más obvia es que, dado que los seres humanos son masculinos y femeninos, si tratamos de imaginar a Dios "a imagen de Dios" -es decir, de nosotros mismos-, deberán utilizarse metáforas masculinos y femeninas" (Cf. S. McFague, *Modelos de Dios. Teología para una era ecológica y nuclear,* Santander: Sal Terrae 1994, 164-165).

estrecha entre sus brazos y le besa. Jesús percibe que el origen y fuente de su actuar es el Dios de la Vida, un Dios que se conmueve por sus criaturas y se desvive por ellas. Nada tiene que ver el Dios de Jesús con el Dios legalista, frio y distante; Dios siempre está cerca, nunca se ha alejado de nosotros.

En todo el Evangelio se repite de forma reiterada que a Jesús le importan los hijos de Israel más amenazados en su condición de criaturas. El evangelio es Buena Noticia porque Jesús de Nazaret nos muestra una nueva manera de vivir la relación filial con el Padre. La relación con el Dios de la Vida sólo se puede vivir en el ámbito de la gratuidad que genera espacios de perdón, libertad y amor. Es desde esta perspectiva que el pastor ayuda a la persona a responder a la presencia de Dios en su vida, no desde el miedo amenazante de un Dios airado, sino desde el amor del Padre

e. *Redescubrir la comunión y fraternidad en la iglesia*

En el Nuevo Testamento se plasma con gran claridad la urgencia de que la iglesia sea una comunidad inclusiva, donde no exista separación de sus miembros en función de su etnia, género, posición social o estado de salud. Como ejemplo analizaremos dos textos paulinos que subrayan la inclusividad de la iglesia. En el primero, el apóstol Pablo en su carta a los romanos dice: "*Por tanto, recibíos los unos a los otros, como también Cristo nos recibió, para gloria de Dios*" (15,7). En un análisis de este texto, Fitzmeyer[95] señala los posibles significados y las connotaciones del verbo griego *proslambanesthai*: "tomar algo como suyo", "recibir o aceptar a alguien en la sociedad, hogar o círculo social próximo",

---

95 J.A Fitzmeyer, *Romans. A New Translation with Introduction and Commentary*. New York: The Anchor Bible 1993, 704.

con la connotación de "aceptación sin reservas", es decir, de forma prolongada, de ahí, "acoger", "aceptar de pleno corazón". Es por ello que el acoger tiene unas implicaciones profundas que deben ser resaltadas. Implica tener una actitud receptiva para con la otra persona, aceptarla sin condiciones, en definitiva amarla y cuidarla. Por tanto, si una comunidad no es inclusiva, no es comunidad de seguidores y seguidoras de Jesús.

En el segundo texto, la carta a los Efesios se nos dice: "*sois conciudadanos de los santos y miembros de la familia de Dios*" 2,19 (NTV). El primer calificativo es un término político muy inusual que se refiere a otra expresión en el texto también inusual: 'ciudadanía de Israel'. Con estas expresiones se designa el marco de una identidad humana, personal y comunitaria, enraizada en el amor y la inclusión que son revelados en Cristo. Esta idea es fundamental si se toma en cuenta que quienes constituían las primeras comunidades cristianas provenían de los sectores marginados de la sociedad. Muchas de estas personas no podían acceder a los privilegios ciudadanos, y por ello la incorporación a la iglesia representa un elemento dignificador.

De estos textos se desprende que la "comunidad de santos/as" constituye el marco donde experimentar y compartir relaciones personales enraizadas en los valores del Reino de Dios, donde la acogida y el amor fraternal constituyen la seña de identidad. Es en la iglesia donde la persona deprimida puede experimentar el significado de pertenencia y la importancia de la ayuda mutua. Desde este acogimiento, el pastor debe promover que la persona deprimida asista a las diferentes celebraciones cúlticas, participando, en función de su mejora, en la alabanza, la lectura de la Palabra, participación en reuniones de oración y en otras actividades de la iglesia.

Preguntas para la reflexión

1. Para el/la creyente deprimido/a. Desde su experiencia.
   * ¿Por qué las crisis hacen tambalear los cimientos de la fe? ¿Qué lugar ocupan las creencias (credos, doctrinas, etc.)?
   * ¿Qué perspectivas sanadoras puede proporcionar el cuidado pastoral?
   * ¿Qué perspectivas sanadoras puede proporcionar su comunidad de fe?

2. Para el pastor. En su ministerio pastoral.
   * ¿Qué prioridad ocupa la cura de almas?
   * En mundo tecnificado e interconectado, ¿por qué es necesaria la escucha activa para comprender los significados de la experiencia de sufrimiento emocional del creyente deprimido?
   * ¿Qué lugar ocupa la lectura de las Escrituras y de la oración en su ministerio pastoral?
   * ¿Por qué es necesaria la perspectiva comunitaria en la cura de almas?

6. LA IGLESIA COMO ESPACIO DE ACOGIDA Y FRATERNIDAD

A veces el dolor resulta tan aplastante porque
se añade a la aflicción que nunca manifestaste
por otras pérdidas sufridas anteriormente
en tu vida. Libera ese dolor.◆

Nuestro punto de partida es entender la comunidad cristiana como lugar de acogida donde se vive y comparte el cuidado fraternal, en especial con aquellas personas que están viviendo situaciones de enfermedad, de sufrimiento y de hundimiento emocional. Es por este motivo que debemos adoptar la actitud de ayuda y empatía del samaritano (Lc 10,

25-37) para agudizar nuestra sensibilidad ante las situaciones de derrumbe vital que viven muchos que están cerca nuestro para, de este modo, dejarnos interpelar por esta llamada de ayuda y ofrecer nuestro cuidado fraternal. Es por ello que los seguidores y seguidoras de Jesús debemos afectarnos por esta realidad de sufrimiento emocional que impacta con fuerza en la vida de muchas personas, para acogerlos fraternalmente en nuestras comunidades.

Pero debemos insistir en que esta acogida fraternal sólo puede ser experimentada por la persona deprimida si se realiza desde la sensibilidad y la empatía de sus hermanos. Es decir, muchos creyentes, desde la buena voluntad, quieren ayudar al creyente deprimido y por ello le alientan con frases del tipo: "debes pedir a Dios que te devuelva la alegría", "si pones de tu parte, saldrás de la depresión", "debes orar y leer más la Biblia". Estos consejos, aunque sean dichos con la intención de ofrecer una genuina ayuda, se sustentan en la idea de que la base del trastorno depresivo es un problema de voluntad y, por tanto, en la medida de que la persona deprimida ponga de su parte, los síntomas depresivos irán desapareciendo.

La depresión mayor no es un mero cambio de humor de la alegría a la tristeza; por el contrario, es un trastorno del estado del ánimo que requiere atención y seguimiento especializado. Por tanto, pedirle al creyente depresivo que "ponga de su parte para salir de la depresión" no sólo es inoperante sino que puede agravar más los sentimientos de minusvalía del creyente deprimido.

6.1 Construyendo lazos fraternales y de acogida

En el NT la iglesia se describe como una comunidad que cuida, sana y permite el crecimiento de sus miembros. Es descrita como *el pueblo de Dios* (2 Co. 6:16) unida por un pacto con Dios; como *el cuerpo de Cristo* (Ro. 12:4-5, 1 Co.10:17) donde cada miembro tiene sus propios dones y ministerios singulares; y una *comunidad del Espíritu Santo* (Hch. 10:44-47) que se deja guiar por el Espíritu. Por lo tanto, en la comunidad se viven y experimentan sentimientos de pertenencia y unidad que enriquecen mutuamente a sus miembros, porque ya se puede vivir otra realidad que está sustentada en los valores del Reino de Dios y que es opuesta a los valores que se viven fuera de ella. Así la justicia, la verdad y el amor estructuran nuevas relaciones que tienen como objetivo principal el cuidado y la atención del prójimo.

En la primera carta de Pedro donde se hace especial énfasis en el pueblo de Dios como *"casa/hogar del Espíritu"* (2:5) y *"casa de Dios"* (4:17). Siguiendo el uso que hace la Biblia, Pedro nunca habla de *"familia"*, sino de *"casa"*. Desde este enfoque de la *"casa"*, Pedro utiliza otras palabras de la misma raíz: *"construcción de un edificio"* (2:5), *"fundación"* (5:10; y *"criados de casa"* (2:18). Aun cuando 1 Pedro se dirige a parejas casadas (3:7), el uso del término *"morar en una misma casa / bajo un mismo techo"* nos recuerda que era común incluir bajo el mismo techo esclavos, viudas, huérfanos y otros parientes no casados; ya que normalmente el matrimonio no vivía solamente con sus propios hijos.

En el escrito petrino, se nos recuerda que en el nuevo pueblo de Dios, las personas sin casa podían encontrar su hogar y de este modo se sentían acogidos y aceptados por la comunidad de creyentes.[96] Este principio de cuidado fraternal y solidario, la iglesia primitiva lo integró en su propio compromiso con los más necesitados y vulnerables; así leemos en la epístola

---

96 Elliott, J.H *"Un hogar para los que no tienen patria ni hogar. Estudio crítico social de la Carta primera de Pedro y de su situación y estrategia"* Estella: Verbo Divino, 1995, 101-102.

de Santiago: *"La religión pura y verdadera a los ojos de Dios Padre consiste en ocuparse de los huérfanos y de las viudas en sus aflicciones, y no dejar que el mundo te corrompa"* (1:27, NTV). Las palabras del apóstol están en consonancia con los preceptos concerniente a los huérfanos y a las viudas expresados por Dios en el Antiguo Testamento, por ejemplo: *"Padre de los huérfanos, defensor de las viudas, éste es Dios y su morada es santa* (Sal 68,5, NTV); *"El Señor protege a los extranjeros que viven entre nosotros. Cuida de los huérfanos y las viudas* (Sal 146,9, NTV)"; *"Aprendan a hacer el bien. Busquen la justicia y ayuden a los oprimidos. Defiendan la causa de los huérfanos y luchen por los derechos de las viudas"* (Is 1,17, NTV). Esta sensibilidad y preocupación de Dios por los más débiles y desprotegidos como eran las viudas y huérfanos, fue recogida por las primeras comunidades cristianas.

Para comprender con mayor claridad el significado del cuidado a huérfanos y viudas, es preciso recordar que estas eran personas que habían perdido un ser querido, esposo o padre. Especialmente la viuda experimentaba la soledad, el sufrimiento emocional y la angustia de haber perdido a su esposo, si los hijos eran muy pequeños. Por tanto, al abandono social de las viudas y huérfanos en aquel contexto, se sumaba la tristeza e intranquilidad por el duelo que estaban experimentando. Y es precisamente en este contexto de máxima vulnerabilidad, donde Santiago alienta a la iglesia a visitar a las viudas y huérfanos.

Es necesario resaltar que el infinitivo "visitar", está en el tiempo presente; de este modo se está indicando una acción continua y habitual: "seguid visitando a los huérfanos y a las viudas".[97] Es decir, Santiago exhorta a la iglesia a tener una actitud de ayuda y cuidado continuo y permanente por los

---

97 G. Woods, *Un comentario sobre la epístola de Santiago*, Nashville: Gospel Advocate, 1965, 57-59.

más vulnerables. En la comunidad son recibidos e integrados, por la acción del Espíritu, en un nuevo marco relacional que articula los valores del Reino de Dios y que generan espacios de fraternidad, acogida y de recuperación de la dignidad humana.

La exhortación de Santiago de atender a los más vulnerables resuena con fuerza hoy, como una exhortación dirigida a nuestras comunidades para que tomen conciencia de la realidad de soledad y sufrimiento de muchos hombres y mujeres que están a nuestro lado y que experimentan los mismos sentimientos y emociones que vivieron aquellas viudas y huérfanos: soledad, tristeza, perplejidad, miedos y angustia vital.

Pero especialmente, queremos considerar en nuestra reflexión a aquellas personas que están deprimidas, que se encuentran viviendo una tristeza que les aísla e incomunica de los demás. Hermanas y hermanos nuestros que sienten que su vida es estéril, que la tristeza ha impregnado sus vidas y les impide relacionarse con Dios y con sus hermanos desde la alegría cristiana. Las comunidades eclesiales no deben juzgar ni examinar las actitudes y las emociones de los demás. Como el Samaritano, debe acoger y cuidar a los heridos emocionalmente, para que juntos, redescubramos la verdadera dimensión de la amistad y fraternidad cristiana.

6.2 Descubrir el valor de la amistad en la Iglesia

Juan en su evangelio nos recuerda las palabras de Jesús: "Vosotros sois mis amigos" (15,14). La relación de Jesús con sus discípulos es la de la amistad. Jesús cambia la relación vertical del maestro-discípulo por otro modelo relacional que no está basado en una estructura de poder, sino que se estructura en la confianza mutua y en el servicio desinteresado al otro como muestra de amor.

Éste es el modelo de relación fraternal que debe estar presente en la comunidad de los seguidores y seguidoras de Jesús. Es en este contexto donde la amistad cobra una dimensión más profunda. En la Iglesia no tienen cabida las etiquetas que la sociedad pone a los "diferentes" para aislarlos y excluirlos; entre ellos y nosotros ya no hay diferencias porque nuestra relación filial con el Señor de la Vida nos iguala y formamos parte de la familia de Dios. Esta dimensión comunitaria de la percepción del otro como hermano tiene consecuencias en la forma de relacionarnos entre nosotros. De este modo, se ofrece una alternativa radical al modo de entender la amistad.

En efecto, dentro de la cultura occidental se tiende a desarrollar relaciones de amistad basadas en dos principios: el principio del intercambio social y el principio de que los iguales se atraen. El principio de intercambio social presupone que realizamos amistades en función de lo que se puede obtener de ellas. Este tipo de relación tiene como objetivo la búsqueda de la satisfacción personal; se podría decir que es un tipo de amistad utilitarista. El principio de semejanza asume que las amistades se construyen entre las personas que tienen gustos y aficiones comunes. Así, nuestras amistades tienden a estar construidas bajo la idea de que los iguales se atraen. Sin embargo, las amistades de Jesús se basan en un principio muy diferente: el principio del amor/gracia.[98]

En efecto, hemos sido reconciliados con Dios para formar parte de un pueblo que se rige por unas relaciones novedosas basadas en el perdón, el amor y en la aceptación. En este nuevo marco relacional, la prioridad es buscar el bienestar del hermano/a, que se sienta integrado/a y aceptado/a en

---

98 J. Swinton, *Resurrecting the person. Friendship and the care of people with mental health problems*, Nashville: Abingdon Press, 2000, 167.

la comunidad. Esta búsqueda del bienestar del hermano/a deprimido no se da en el vacío; por el contrario, se materializa en acciones y actitudes concretas como realizar una llamada telefónica, acompañarlo a realizar algún trámite administrativo, dar un paseo, etc. Estas y otras acciones que podríamos añadir tienen como única finalidad demostrar que *estamos* a su lado, no nos olvidamos de él/ella, que pueden contar con nosotros, que están muy presente en nuestros pensamientos y oraciones.

6.3 *Todos juntos compartiendo la Mesa de Gracia*[99]

En nuestra cultura individualista y fragmentada, la fe cristiana necesita hoy manifestar su dimensión comunitaria. Nuestra fe personal precisa de la fe de los demás cristianos, necesita expresarse y celebrarse en común. Es en la iglesia donde los hombres y las mujeres celebramos, como pueblo de Dios, la posibilidad de relaciones nuevas presididas por la fraternidad cristiana que rebasa las relaciones humanas cotidianas. La Iglesia no es algo opcional para el cristiano, en el sentido que pueda optar y vivir la fe cristiana al margen o fuera de ella; fe personal y fe eclesial se requieren mutuamente.

Es desde esta perspectiva que la iglesia debe posicionarse firmemente en su llamado a ser una comunidad inclusiva y acogedora que pueda desarrollar formas alternativas de relación que puedan aceptar la diferencia sin patologizarla ni estigmatizarla.[100] Es decir, las etiquetas diagnósticas: "trastorno

---

99 Esta reflexión apareció originalmente en la revista de teología Lupa Protestante Cf: López-Cortacans, G. *Todos juntos compartiendo la Mesa de Gracia www.lupaprotestante.com/.../1505-la-santa-cena-imesa-de-juicio-o-d...*

100 La sociedad establece los medios para categorizar a las personas y a sus atributos. Al encontrarnos frente a un extraño, las primeras

depresivo", "enfermo mental", "depresión mayor" no tienen cabida en el contexto comunitario y deben ser sustituidas por hermano o hermana.

En la comunidad no nos relacionamos en función del género, raza, estatus económico o el estado de salud de las personas, porque en Cristo han desaparecido todas las diferencias que separan a las personas. Por ello somos llamados a reafirmar la dignidad de las personas en su calidad de seres humanos creados a la imagen y semejanza de Dios. Las personas que sufren una depresión mayor necesitan, como todos nosotros, ser reconocidas como personas que necesitan amor y comprensión. Necesitan personas que se sienten a su lado y que entren en "su mundo" para descubrir, todos juntos, que el mundo donde ellos viven es el mismo mundo que el nuestro, donde la vulnerabilidad, la debilidad y la fragilidad también están presentes en nuestras vidas.

Desde esta perspectiva, nadie puede asegurar que no caerá en la "fosa desolada" y que no "andará por el valle de sombras". Lo único que sabemos con certeza es que Dios nunca nos dejará y es desde esta confianza y esperanza en el Señor de la Vida, donde debemos cuidarnos fraternalmente los unos a los otros.

Esta perspectiva de una iglesia inclusiva y acogedora choca frontalmente con los valores de una sociedad que margina y

---

apariencias nos permiten prever en qué categoría se halla y cuál es su «identidad social». Este puede mostrar ser dueño de un atributo que lo diferencie de los demás y lo convierta en alguien menos apetecible. Dejamos de verlo entonces como una persona total y corriente para reducirlo a un ser inficionado y menospreciado. Un atributo de esa índole es un estigma, en especial cuando produce en los demás un descrédito amplio. Para profundizar sobre el tema es altamente recomendable la lectura de la obra de E. Goffman, "Estigma: la identidad deteriorada", Madrid: Amorrortu 1998.

excluye al "vulnerable". Es por ello urgente que cambiemos nuestra mirada para reconocer que todos, de algún modo, somos frágiles y vulnerables. Deberíamos afirmar que la debilidad y la incapacidad forman parte de la propia naturaleza humana. Es desde este contexto de aceptación incondicional y de perdón que la celebración comunitaria cobra su verdadera dimensión. A través de la celebración compartimos lo que realmente somos, expresando nuestro amor y nuestras esperanzas.

En la celebración estamos ante la presencia del Señor, y en el corazón de la celebración está la Mesa del Señor. Debemos resaltar que el término griego utilizado en la iglesia primitiva para el sacramento es *mysterion*, que se traduce comúnmente como misterio. Y significa que por medio de los sacramentos, Dios nos revela acontecimientos que escapan al razonamiento humano. La Santa Cena nos recuerda que es Jesús el que preside y que nosotros participamos respondiendo a su invitación.

La Santa Cena es un acto de recuerdo, conmemoración y memorial, pero también es algo más que un simple recordatorio. *"Haced esto en memoria de mí"* (Lc 22,19; 1Co 11,24-25) es anamnésis, es decir, un hecho dinámico que viene a ser representación poderosa de los actos de la gracia de Dios. Cristo ha resucitado y está presente, aquí y ahora, no es sólo un recuerdo de lo que pasó.

Participar del sacramento es experimentar la anticipación del futuro, promesa que no se cumplirá hasta que Cristo venga en la victoria final y podamos todos participar en el banquete celestial. Cristo mismo anticipó esta ocasión y dijo a los discípulos: *"desde ahora no beberé más de este fruto de la vid, hasta aquel día en que lo beba nuevo con vosotros en el reino de mi Padre"* (Mt 6,29; Mr14, 25; Lc 22,18). Es por ello que ya aquí podemos experimentar y celebrar anticipatoriamente lo que un día viviremos en total plenitud con Cristo presidiendo el banquete celestial. Mediante la participación en la Mesa somos sanados y capacitados para ayudar a otras personas a sanar. *Sozo* es la raíz de la palabra griega usada en el Nuevo Testamento que significa sanidad, y también se interpreta como salvación y plenitud. Gran parte de nuestra sanidad es espiritual, pero incluye también la sanidad de pensamientos, del estado de ánimo, de nuestra mente, de nuestro cuerpo, y nuestras relaciones y actitudes.

La gracia recibida al acercarnos a la Mesa del Señor puede restaurar nuestras vidas y nuestras relaciones con los demás. De tal modo que la comunidad cristiana se convierte así en casa de gracia donde "los seres humanos se encuentran unos con otros curativamente". Es por ello que vivir en comunión significa estar con alguien y ello implica que nos pertenecemos los unos a los otros, que caminamos juntos por el mismo camino y no estamos solos.

Diferentes Iglesias han elaborado materiales litúrgicos que incluyen las experiencias de sufrimiento emocional de los creyentes con depresión mayor. Así por ejemplo, el comité nacional de iglesias en EEUU ha editado un documento, *Shadow Voices: Finding Hope in Mental Illness,*[101] en el cual se elabora material (letanías, oraciones de confesión, oraciones pastorales, oraciones de intercesión, bendiciones, respuestas antifonales) para la elaboración del culto. Con estas acciones específicas de preparación de materiales dirigidos a las personas con depresión, se reconoce el compromiso y la necesidad de integrar plenamente a estas personas en el culto. De esta forma toda la iglesia reunida intercede al Dios de la Vida por sus hermanos y hermanas que "andan en el valle de

---

101 *Shadow Voices: Finding Hope in Mental Illness* disponible en www.shadowvoices.com/

sombra" testificando que la soledad y el estigma ya no tienen lugar en la comunidad de fe. Ya no están solos, tienen una comunidad de fe que les acoge, les cuida y protege.

Preguntas para la reflexión

1. Según su opinión ¿Por qué Santiago remarca la necesidad de cuidar a los huérfanos y viudas?
2. ¿Su comunidad de fe tiene presente a los más vulnerables?
3. ¿De qué formas prácticas una persona que sufre depresión se puede sentir acogida en la iglesia?
4. "La alabanza a Dios en la iglesia es aliviadora de sufrimiento emocional". ¿Está de acuerdo con esta frase?

SEGUNDA PARTE:

IMPACTO DEL DESGASTE EMOCIONAL EN EL MINISTERIO PASTORAL

"Elías tuvo miedo, y se levantó y se fue para *salvar* su vida; y vino a Beerseba de Judá y dejó allí a su criado, ⁴ y anduvo por el desierto un día de camino, y vino y se sentó bajo un arbusto (enebro); pidió morirse y dijo: "Basta ya, Señor, toma mi vida porque yo no soy mejor que mis padres." 1 Reyes 19, 3-5 (NBLH)

7. ¡ESTOY CANSADO DE ESTA VIDA![102]
CUANDO EL PASTOR[103] NECESITA SER CUIDADO

Has aprendido que no siempre puedes
controlar las circunstancias de la vida.
Aprovecha esa experiencia para ponerte
más a tono con el fluir de la vida,
más en harmonía con su canto.◆

Tal como se ha señalado, la depresión mayor afecta a un importante sector de la población, pero a pesar de su gran prevalencia es vivida por la mayoría de las personas en "secreto" y de forma solitaria. En efecto, todavía nos encontramos con que muchas veces la depresión se relaciona con conductas negativas como fragilidad emocional, debilidad de carácter o falta de voluntad. Para evitar esta errónea relación causal, la persona deprimida prefiere no dar a conocer su estado emocional, viviendo su tristeza y falta de ánimo en soledad y en silencio: en algunos casos, también se vive el dolor emocional en soledad en el propio contexto de la familia nuclear.

---

102 Job 10,1 (RVC).

103 Preferimos el uso del lenguaje inclusivo en todo lo posible. Sin embargo, para evitar redundancias, nuestra referencia a los "pastores", en todos los casos, denota que reconocemos el ministerio pastoral ejercido por mujeres y hombres. Así mismo, el término pastor no se utiliza desde una perspectiva denominacional, y se refiere a cualquier persona que ejerza un rol ministerial en la iglesia (ancianos, diáconos, obispos, sacerdotes, agentes de pastoral, capellanes hospitalarios, etc.)

Ocultar el estado depresivo, es algo que vemos también en determinados contextos eclesiales, donde además de relacionarlo con debilidad de carácter o fragilidad emocional se le vincula con falta de confianza en Dios; incrementado, aún más, la tristeza, la soledad y los sentimientos de culpa del creyente deprimido. Esta sensación de soledad e incomprensión que viven muchos creyentes y pastores, es ocultada y vivida, en ocasiones, en soledad. En este capítulo abordaremos de qué formas el pastor experimenta el estado depresivo y cuáles son las consecuencias en su salud física, mental y espiritual. En concreto nos centraremos en cómo incide el síndrome de *burnout* en la experiencia vital y en el ministerio del pastor/a.

7.1 Definiendo el burnout

El término *burnout* -estar quemado- se empezó a utilizar a partir de 1977, cuando se conceptualizó el síndrome como el desgaste de las personas que trabajan en profesiones de ayuda. Es decir, ocurre en las que ejercen su rol en contacto directo con las personas, especialmente personal médico y profesores.[104] Desde esta perspectiva, el *burnout* se ha descrito como un síndrome defensivo (mecanismo de defensa) que se manifiesta especialmente en las profesiones de ayuda que están en pleno contacto con los problemas y demandas de las personas. El perfil de estos profesionales suele estar marcado por un deseo de ayuda y solidaridad ante los problemas de salud del individuo, la familia y la comunidad.

El riesgo de desgaste emocional en estas profesiones suele estar originado por una colisión de intereses y realidades. Por una parte el profesional quiere conseguir unos objetivos ambiciosos, en relación al ejercicio de su rol, en la ayuda a los

---

104 C. Maslach, *Burnout: The cost of caring*. Englewood Cliffs, NY: Prentice Hall, 1982.

demás. Por otra parte, las propias demandas y exigencias de las personas cuidadas suelen sobrepasar los propios recursos del profesional (anexo III).

El *burnout* se caracteriza por un proceso marcado por el cansancio emocional, la despersonalización y el abandono de la realización personal. Se debe resaltar que la primera señal de alarma es el cansancio o agotamiento emocional, caracterizado por una progresiva pérdida de las energías vitales y una desproporción creciente entre el trabajo realizado y el cansancio experimentado.[105] En esta etapa, las personas se vuelven más irritables, viven en un estado de enfado permanente, aparece la queja constante por la cantidad de trabajo realizado y se pierde la capacidad de disfrutar de las tareas. La tarea del día a día no ilusiona y se vive como una pesada carga que hay que soportar.

Edelwich y Brodsky[106], proponen cuatro fases por las cuales pasa toda persona con *burnout:*

1. Entusiasmo, caracterizado por elevadas aspiraciones, energía desbordante y carencia de la noción de peligro.

2. Estancamiento, que surge tras no cumplirse las expectativas originales.

3. Frustración, núcleo central del síndrome y momento en que comienzan a surgir problemas emocionales, físicos y conductuales.

4. Apatía, que sufre la persona y que constituye el mecanismo de defensa ante la frustración.

---

105 C. Maslach "Burn-out", *Human Behavior*, 5 (1976) 16-22.

106 J. Edelwich, A. Brodsky, *Burnout: Stages of Disillusionment in the Helping Professions*. Nueva York: Human Sciences Press 1980. P. 25.

Externamente, los compañeros de trabajo, amigos, esposa/o, empiezan a percibirlos como personas insatisfechas, quejosas e irritables, que siempre están de malhumor y al mínimo comentario se muestran irritables. A medida que va pasando el tiempo, aparece la despersonalización,[107] que es un modo de respuesta ante los sentimientos de impotencia, indefensión y desesperanza personal. En esta fase aparece la sintomatología depresiva (tristeza, llanto fácil, pérdida de la ilusión, pérdida de expectativas) y aumenta la hostilidad hacia el propio entorno laboral y familiar.

Este proceso de desgaste emocional tiene su continuidad en el abandono de la realización personal que está marcada por una pérdida de ideales. Es decir, las metas profesionales que hasta entonces generaban ilusión; se han desvanecido y se viven ahora como una pesada carga. Por otra parte, la persona afectada se va alejando progresivamente de las actividades familiares y sociales, creando una especie de auto reclusión para evitar cualquier tipo de contacto social.

7.2 Relación entre la depresión y el burnout

A pesar de que la depresión y el burnout son dos entidades nosológicas diferentes, es posible encontrar algún tipo de relación entre ambos síndromes.[108] Diferentes estudios señalan que existe una conexión entre el burnout y la depresión, de tal forma que se puede establecer un continuum entre ambos

---

107 No confundir con el cuadro psiquiátrico del mismo nombre.

108 K. Aholaa, J. Hakanena, R. Perhoniemia, P. Mutanen, "Relationship between burnout and depressive symptoms: A study using the person-centred approach", *Burnout Research* 1 (2014) 29–37.

proponiendo que los síntomas de la depresión pueden surgir
en una etapa posterior al *burnout*.[109]

7.3 Cómo impacta el burnout en la salud

El *burnout* es un proceso continuo que va surgiendo de una
manera paulatina y que se va "instaurando" en el individuo
hasta provocar en éste los sentimientos propios del síndrome. Los síntomas que se experimentan en la fase inicial se
presentan en la esfera somática y tienen una etiología psicosomática: cefaleas, dolores osteo musculares, quejas psicosomáticas, pérdida de apetito, cambios de peso, disfunciones
sexuales, problemas de sueño, fatiga crónica, enfermedades
cardiovasculares, alteraciones gastrointestinales, aumento de
ciertas determinaciones analíticas (colesterol, triglicéridos,
glucosa, ácido úrico, etc.). A medida que el *burnout* se va
haciendo más presente, el malestar emocional afecta a todas
las áreas de la persona, incidiendo en la esfera emocional,
cognitiva, conductual y social (tabla 1).

---

109 De la abundante bibliografía destacamos: S.E Hobfoll, "Con-
servation of resources: A new attempt at conceptualizing stress"
American Psychologist, 44 (1989) 513-524; D.C Glass, J.D McKnight,
"Perceived control, depressive symptomatology, and professional
burnout: A review of the evidence", *Psychology and Health,* 11
(1996), 23-48.; M.J Huibers., S.S Leone, L.G Van Amelsvoort, I. Kant,
J.A Knottnerus, J.A." Associations of fatigue and depression among
fatigued employees over time: A 4-year follow-up study", *Journal of
Psychosomatic Research,* 63 (2007) 137-142.

Tabla 1
Consecuencias del burnout en la salud

Emocionales	Cognitivos	Conductuales	Sociales
-Depresión - Indefensión - Desespe- ranza - Irritación - Apatía - Desilusión - Pesimismo - Hostilidad - Falta de tolerancia - Supresión de senti- mientos y emociones	- Pérdida de significado - Pérdida de valores - Desapari- ción de ex- pectativas - Modifica- ción auto concepto - Desorienta- ción cogni- tiva - Pérdida de la creatividad - Distracción - Cinismo - Criticismo generalizado	-Evasión de responsabili- dades - Absentismo - Conductas desadapta- tivas - Desorgani- zación - Sobre im- plicación - Evasión de decisiones - Aumento del uso de cafeína, alco- hol, tabaco y drogas	- Evasión de contactos - Conflictos interperso- nales - Malhumor familiar - Aislamiento - Formación de grupos críticos - Evasión profesional

Estos síntomas tienen consecuencias negativas no sólo en la capacidad productiva, sino también en la calidad de vida personal, aumentando los problemas familiares y en la red social del trabajador, debido a que las interacciones se hacen tensas, la comunicación termina siendo deficiente y se tiende al aislamiento.

7.4 Ya la vida se me escapa; los días de aflicción me aplastan[110]: el pastor bajo presión y soledad

Ya se ha señalado que el impacto del *burnout* y la depresión en la salud y en las expectativas de las personas son aplicables a los pastores y sacerdotes[111]. Queremos dar a conocer cuáles son las consecuencias del desgaste emocional en la vida del pastor. Nos interesa saber de qué modo sus relaciones personales, afectivas y sociales se ven afectadas y qué consecuencias tiene para su ministerio eclesial. Dado que el desgaste emocional impregna a toda la experiencia vital, queremos conocer si la percepción y expectativas del ministerio pastoral que tenía el pastor previamente a la aparición del burnout se mantienen firmes, o por el contario, su vocación, llamada y deseo de servir a la iglesia se han visto afectadas.

Para conocer más de cerca esta realidad de aislamiento, nos valdremos de un estudio realizado por la Universidad

---

110 Job 30:16 (TLA)

111 Helena López Herrera ha realizado una interesante investigación doctoral sobre la incidencia del síndrome burnout en sacerdotes católicos. El objetivo de este trabajo ha sido estudiar el grado de burnout en una muestra de 881 sacerdotes católicos latinoamericanos en México, Costa Rica y Puerto Rico. Los resultados reflejaron una presencia alta del síndrome de burnout en este colectivo. Así, 60.38% de los sacerdotes sufren, en algún grado, del síndrome de burnout, y un 26% del total de sacerdotes manifiestan burnout en alto grado. Un 34% de los sacerdotes investigados presenta el grado más alto de Agotamiento Emociona (302 sacerdotes). El 60% de este grupo con alto Agotamiento Emocional se encuentra también despersonalizado en grado alto (181 sacerdotes). De estos, 69 manifiestan a su vez niveles bajos de Realización Personal. Cf. H. López Herrera, *Incidencia del síndrome burnout en sacerdotes católicos latinoamericanos y su relación con la inteligencia emocional.* 2009. Tesis doctoral. Universidad de Salamanca. Disponible en http://www.tdx.cat/handle/10803/21290.

de Toronto[112]. La investigación fue realizada en seis denominaciones protestantes (Anglicanos, Bautistas, Luteranos,
Pentecostales, Presbiterianos y la Iglesia Unida en Cristo).
En el estudio, la edad media de los pastores fue de 44 años
con una experiencia en el ministerio de 16,5 años. De los
338 encuestados, 239 eran hombres y 99 eran mujeres. La
metodología utilizada fue una entrevista semiestructurada por
parte del pastor, que debía ser contestada con una escala de
Likert[113] y también se utilizaron grupos focales.

---

112 Hemos elegido este estudio porque está realizado con una muestra de pastores pertenecientes a diversas denominaciones y tradiciones
protestantes; lo que le confiere una alta representatividad del ministerio
pastoral, Cf. Clergy Well-Being Seeking Wholeness with
Integrity, http://www.utoronto.ca/caringforclergy/Copy%20of%20
good%20edit%20of%20chapters%201%20-%2028.pdf
También es necesario señalar que en el ámbito anglosajón existen nú-
meros estudios sobre la salud mental, estrés, depresión y burnout, que
refieren los pastores y sacerdotes en relación con su ministerio pastoral,
de los cuales destacamos Cf: P.W Blanton, M.L Lane, "Work-rela-
ted predictors of physical symptomatology and emotional well-being
among clergy and spouses", *Review of Religious Research*, 40 (1989)
331-348.; L.J Francis, P. Kaldor, M. Shevlin, C.A Lewis," Assessing
emotional exhaustion among the Australian clergy: Internal reliability
and construct validity of the scale of emotional exhaustion in minis-
try (SEEM), *Review of Religious Research*, 45 (2004) 269-277; L.J
Rancis, S.H Louden, C.J Rutledge, " Burnout among Roman Catholic
parochial clergy in England and Wales: Myth or reality?", *Review of
Religious Research,* 46 (2004) 5-19; W.N Grosch, D.C Olsen, "Clergy
burnout: An integrative approach. JCLP in Session: Psychotherapy in
Practice", 56 (2002) 619-632; S.H Jones, L.J Francis, "The relationship
between religion and anxiety: A study among Anglican clergymen and
clergywomen", *Journal of Psychology and Theology,* 32 (2004) 137-
142; S. Knox, S.G Virginia, J.P Lombardo, "Depression and anxiety in
Roman Catholic clergy", *Pastoral Psychology* 50 (2002) 345-358; S.V
Virginia, "Burnout and depression among Roman Catholic secular, religious, and monastic clergy", *Pastoral Psychology*, 47 (1998) 49-67.
113 Es una escala psicométrica comúnmente utilizada en cuestionarios,
y es la escala de uso más amplio en encuestas para la investigación,
principalmente en ciencias sociales. Al responder a una pregunta de

7.4.1 *Escuchando las voces de los pastores*

Uno de los objetivos principales del estudio era conocer de primera mano cual era el estado de salud de los pastores/as, en especial en el área emocional y espiritual. Estos estados emocionales se reflejan en las siguientes respuestas:

* El 70% de los pastores/as estaban en desacuerdo con la afirmación: "*Me siento realizado en el ministerio.*"

* El 67% contestó que estaba de acuerdo o muy de acuerdo con la afirmación: "*A veces proyecto mi frustración en la familia*".

* El 62% estaba de acuerdo o muy de acuerdo con la afirmación: "*A veces mi apariencia externa parece feliz y contenta mientras por dentro estoy ansioso.*"

* El 75% respondió estar de acuerdo o muy de acuerdo con la afirmación: "*Tengo miedo de que mis feligreses sepan cómo me siento realmente*".

* El 80% de los pastores/as respondió estar de acuerdo o muy de acuerdo con la afirmación: "*Me siento culpable cuando la gente me ve tomar tiempo libre durante la semana*".

* El 50% respondió estar de acuerdo con la afirmación: "*No soy coherente entre lo que soy y cómo me ven los demás*".

---

un cuestionario elaborado con la técnica de Likert, se especifica el nivel de acuerdo o desacuerdo con una declaración o pregunta que se le hace al encuestado. El formato de una escala de Likert consta de 5 niveles de respuesta, donde se debe elegir una sola opción entre las siguientes: totalmente en desacuerdo, en desacuerdo, ni de acuerdo ni en desacuerdo, de acuerdo, totalmente de acuerdo.

- El 77% de los pastores estuvo muy de acuerdo o de acuerdo con la afirmación: "*Me siento más como un ejecutivo*[114] *que como un pastor.*"

- El 83% estuvo de acuerdo con la declaración, "*Mi iglesia quiere un ejecutivo en lugar de un pastor.*"

- La mayoría de los pastores respondieron (91%) estar de acuerdo con la afirmación: "*El ser pastor se parece más a un trabajo que a una vocación*".

- Más de la mitad (60%) afirmó que había considerado alguna vez dejar el ministerio.

- El 78% de los pastores estuvo muy de acuerdo o de acuerdo con la afirmación: "*Siento que mi posición como ministro exige la perfección*".

7.4.1.1 *Cuando el ministerio se percibe como pesada carga*

Cuando se les preguntó a los pastores por la naturaleza de su ministerio, la mayoría (83%) lo entendieron como un llamado de Dios y la iglesia. La dedicación del pastor al ministerio fue de 50 horas semanales, donde más del 25% de los encuestados trabajaban más de 55 horas a la semana.

En relación a la vida devocional (meditación de la Palabra y oración personal) y participación en la liturgia, los pastores respondieron:

- Prácticamente la totalidad de los encuestados (94%) respondieron estar muy de acuerdo o de acuerdo con

---

114 En el original se utiliza la expresión *Chief Executive Officer - CEO* - para designar a la persona con la más alta responsabilidad de una organización. Nosotros la hemos traducido por el término "ejecutivo" que es más conocido en nuestro contexto.

la afirmación: "*Leí las Escrituras en la preparación del sermón, pero rara vez me habló personalmente*".

*   El 86% dice estar muy de acuerdo o de acuerdo con la afirmación: "*oro con otros creyentes, pero rara vez tengo tiempo para la oración personal.*"

*   El 71% de los pastores afirmó estar moderadamente en desacuerdo o totalmente en desacuerdo con la afirmación: "*Me siento bien cuando estoy dirigiendo la alabanza de la congregación.*"

*   El 89% refirió estar muy de acuerdo o de acuerdo con la afirmación: "*A veces cuando se realiza la adoración siento que estoy en un acto ritual*".

*   El 70% de los encuestados considera que el ministerio no satisface sus expectativas y demandas.

Cuando se les preguntó a los pastores por la incidencia del desgaste emocional que les producía su ministerio pastoral, el 51% de los pastores señaló que sufría estrés, el 24,7% de las pastoras y el 12,3% de los pastores fueron diagnosticados de depresión. El 55% de los pastores refería sentirse muy solo. El 30% de los encuestados indicaron que habían solicitado la asistencia de un consejero matrimonial.

7.5 Buscando la ayuda necesaria

En relación al tipo de ayuda que los pastores solicitaron, la mayoría (81%) indicaron que en los últimos cinco años, había vivido una situación en la que se requería atención pastoral personal. El 38% había buscado el cuidado clínico de un consejero, el 21% de un psicólogo, y el 15% de un psiquiatra. El 45% de los pastores optaron por acudir al médico de familia.

El perfil del pastor que sufre desgaste emocional tiene las siguientes características:

- Incapacidad para desconectarse del trabajo
- Problemas para dormir
- Cansancio
- Problemas de salud (cefalea, gastralgias, alteración cifras tensionales, dolores osteomusculares, quejas psicosomáticas, pérdida de apetito, etc.)
- Aparición de síntomas psicológicos (irritación, apatía, desilusión, pesimismo, etc.)
- Insatisfacción con el ministerio pastoral
- Problemas de relación con la esposa/o e hijos
- Inadecuada e insatisfactoria relación espiritual
- Crisis vocacional

De los datos expuestos, podemos afirmar que el desgaste emocional (*burnout* y depresión) que sufren los pastores es muy elevado, con una tasa de estrés del 50%[115] y de depresión del 37%.

7.6 *Conclusiones*

Los resultados estadísticos ofrecidos son útiles para constatar que un porcentaje elevado de los pastores vive su ministerio bajo una excesiva presión que con el paso del tiempo puede convertirse en *burnout* y/o en un cuadro depresivo. Posiblemente nos sorprenda comprobar que el desgaste emocional de los pastores es superior a cualquier profesional

---

115 En 1991, el Instituto Fuller realizó una encuesta a 1000 pastores. Uno de los datos relevantes es que el 50% de los encuestados había considerado dejar la vocación pastoral durante los últimos tres meses y el 70% refirió tener una menor autoestima que cuando comenzó su ministerio. Cf. R.S. Beebe, "Predicting Burnout, Conflict Management Style, and Turnover Among Clergy," *Journal of Career Assessment* 2 (2007) 257-265.

que se dedique a una profesión de ayuda. Llama también la atención el elevado número de pastores que manifiestan su deseo de abandonar el ministerio debido a la presión emocional que están viviendo.

Estos datos no pueden ser ignorados. Más allá de las estadísticas, existen hombres y mujeres que viven en silencio y soledad su malestar emocional. Estos hermanos y hermanas un día decidieron iniciar una vocación ministerial.

Pasado el tiempo, las expectativas y los proyectos fueron perdiendo la energía inicial. La ilusión fue cediendo a una visión pesimista de la realidad. Hoy se sienten cansados y exhaustos. Las primeras señales de alarma empiezan a aparecer. ¿Qué ha pasado? ¿Por qué ha aparecido el desgaste en sus vidas? ¿Dónde ha quedado la ilusión de su llamado? Estas y otras preguntas deben ser abordadas con sensibilidad y ternura; es por ello que es necesario que las comunidades de fe y los pastores reflexionen sobre la realidad del ministerio pastoral. En los próximos capítulos profundizaremos y analizaremos algunas causas del desgaste emocional de los pastores; también ofreceremos diversas intervenciones y propuestas para aliviarlo.

Preguntas para la reflexión

1. ¿Cómo percibe su estado de salud (física y mental) en relación al ministerio pastoral que desarrolla?
2. ¿Se siente identificado con algunos de los síntomas del *burn-out*?
3. ¿Cuál es la respuesta de su cónyuge (familia) ante el desgaste emocional?
4. ¿Puede compartir su estado emocional con otros pastores?

8. "ES UNA CARGA DEMASIADO PESADA PARA MÍ[116]". EL DESGASTE EMOCIONAL[117] DEL PASTOR

*El carácter de tu pena es único, moldeado
por tu particular relación, por las
circunstancias específicas y por tu propio
temperamento. No tengas en cuenta los
esfuerzos de los demás por decirte cómo
te tienes que sentir y hasta cuándo.* ◆

Ya se ha señalado que los pastores son el colectivo que más sufre el *burnout* y además presentan un alto índice de depresión. En el presente capítulo exploraremos y describiremos cuales son algunos de los principales motivos que están presentes en la base del desgaste emocional de los pastores[118]. En primer lugar, señalar que el origen del malestar y cansancio emocional es multifactorial, es decir, intervienen diferentes causas. En nuestro acercamiento, describiremos dos áreas donde se origina el desgaste emocional: la esfera de las emociones y pensamientos y el área vocacional y de llamado al ministerio pastoral.

---

116 Nm 11:14

117 Preferimos utilizar el término "desgaste emocional" como equivalente al *burnout* – estar quemado-, porque expresa mejor las consecuencias de un estrés prolongado sumado a una profunda insatisfacción en el desempeño del rol.

118 Un estudio en profundidad de los motivos por los cuales el pastor puede llegar al desgaste emocional/ burnout excede los objetivos de este libro. Por otro lado, es necesario realizarlo en el contexto eclesial, personal y familiar de cada pastor/a en particular.

8.1 ¿Por qué a menudo estoy en tensión y alerta?: Influencia de las emociones y del pensamiento en el ministerio pastoral

Albert Ellis[119] plantea una nueva corriente psicoterapéutica, la Terapia Racional Emotiva Conductual (TREC), donde la cognición o el pensamiento es el determinante más importante y accesible de la emoción humana, de tal manera que se puede afirmar que lo que sentimos es lo que pensamos. Desde este planteamiento, no son las circunstancias ni los demás los que nos hacen sentir como sentimos, sino es nuestra manera de procesar estos datos, seamos o no conscientes de ello.

Ellis considera que el núcleo de su teoría está representado por una frase atribuida al filósofo estoico griego Epicteto: "*Las personas no se alteran por los hechos, sino por lo que piensan acerca de los hechos*". Básicamente la propuesta de la TREC es que los pensamientos, sentimientos y conductas actúan de forma integrada en el individuo, de modo que la perturbación emocional proviene, no de los hechos en sí, sino de la evaluación que hacemos de esos hechos, según los estamos percibiendo. Por lo tanto, si ocurre algo que no nos gusta y lo evaluamos (pensamiento) como malo, nos sentiremos mal al respecto, ya sea enojados/as o tristes (emociones) y haremos algo al respecto, llorar o evitar la situación (conducta). Por tanto, para cambiar nuestra perturbación emocional, debemos cambiar nuestros esquemas disfuncionales de pensamiento.

---

119 Una breve reseña bibliográfica esta referenciada en la nota número 50.

8.1.1 *¿Por qué actúo de esta manera?: **Influencia de las creencias irracionales en el ejercicio pastoral***

En la TREC la detección de las creencias irracionales es fundamental para explicar el origen del malestar y desgaste emocional.[120] Estas ideas son cogniciones evaluativas personales, absolutistas, expresadas como obligación, y asociadas a emociones y sentimientos inadecuados como la tristeza, ansiedad, irritabilidad, entre otras, que interfieren con la consecución de metas y propósito. Estas ideas son preconcebidas e inconscientes, casi siempre implícitas, que guían nuestra conducta llevándonos a respuestas "obligadas" que originan malestar emocional ante situaciones que demandan una mayor respuesta emocional de lo habitual. Entre estas creencias irracionales, señalamos algunas de ellas que están presentes, de forma consciente o inconsciente, en el pensamiento de algunos pastores:

a) *Necesito amor y aprobación de mi ministerio por parte de los miembros de mi comunidad.*

Esta idea guía la conducta de muchos pastores. El pastor siente una gran necesidad de estar bien con todos los miembros de la iglesia, que todos se sientan amados y cuidados por él; no puede haber queja, sean éstas ciertas o no, de ser desatendidos por el pastor. Por otro lado, desde esta creencia irracional, la aprobación del ministerio pastoral debe ser total; no puede haber discrepancias de los miembros con su ministerio. Se tiene que llegar a todas las necesidades de la comunidad, y si

---

120 A. Ellis, I. Lega, "Como aplicar algunas reglas básicas del método científico al cambio de las ideas irracionales sobre uno mismo, otras personas y la vida en general", *Psicología conductual,* 1 (1993) 101-110.

no se puede la conclusión es obvia: no es un buen pastor y no se está ejerciendo bien el ministerio pastoral.

Este pensamiento está muy presente en las conductas y actitudes de los pastores hacia el ministerio pastoral, que resumen en expresiones como: "*Siento que mi posición como ministro exige la perfección*" y "*Me siento culpable cuando la gente me ve tomar tiempo libre durante la semana*". En estas respuestas está implícita la idea irracional de la exigencia absoluta como patrón para ejercer el ministerio pastoral.

b) *Debo preocuparme constantemente de los problemas de los demás*

Esta idea constituye el eje común de la mayoría de los profesionales que ejercen una profesión de ayuda (enfermeras, médicos, trabajadores sociales y maestros) y también la encontramos en los pastores. Hay un deseo de "llegar a todo", de dar respuesta a todas las demandas y problemas de los miembros de la iglesia. Desde este planteamiento, el pastor no debe ni puede decir no a ninguna petición de ayuda, sea del tipo que sea, porque el pastor debe estar ahí para resolverla. Estas creencias, irracionales e inconscientes, toman forma en expresiones del tipo: "*El ser pastor se parece más a un trabajo que a una vocación*", "*Mi iglesia quiere un ejecutivo en lugar de un pastor* ". En estas respuestas está implícita la idea irracional del pastor "omnipotente" y "omnipresente" dispuesto a ayudar en cualquier momento y lugar a las demandas y problemas del tipo que sean.

c) *Invariablemente existe una solución precisa, correcta y perfecta para los problemas humanos, y que si esta solución perfecta no se encuentra sobreviene la catástrofe.*

Esta idea se fundamenta en la creencia que para cada problema existe una solución precisa y correcta, y si esta no se consigue, no estamos trabajando lo suficientemente para lograrla. Del pastor se le exige que además de tener formación bíblica teológica, tenga conocimientos de psicología, de gestión y administración, entre otras cualidades académicas. Cualquier tipo de demanda y problema debe ser atendida y solucionada por él. De tal manera que el propio pastor se puede ver a sí mismo como un "trabajador multifunción", dispuesto a solucionar cualquier tipo problema.

Estas creencias toman forma en expresiones del tipo: *"El ser pastor se parece más a un trabajo que a una vocación"* y *"Siento que mi posición como ministro exige la perfección"*. En estas respuestas está implícita la idea irracional del pastor que puede solucionar cualquier problema sea del tipo que sea y si no lo hace es porque está realizando incorrectamente su trabajo.

8.1.2 *Pienso luego sufro: Impacto de las distorsiones cognitivas en el ministerio pastoral*

Una distorsión cognitiva es un error en el procesamiento de la información. Son esquemas equivocados en la forma que se interpreta los hechos, presentándose en la mayor parte de las veces en forma de pensamientos automáticos. Estos pensamientos son exagerados, dramáticos y negativos, generan malestar emocional y son irracionales, es decir, no se basan en hechos objetivos. Entre estas distorsiones cognitivas[121] señalamos algunas de ellas que están presentes, de forma generalmente inconsciente, en el pensamiento y por tanto afectan directamente a la conducta de algunos pastores:

---

121 Una exposición en profundidad sobre las distorsiones cognitivas lo encontramos en : A. Ellis, *Razón y Emoción en psicoterapia*. Bilbao: Desclee de Brouwe 1980.

a) *Personalización*

La mayoría de los pastores se siente responsable al 100% de los acontecimientos que ocurren en su comunidad, independientemente si han participado directa o indirectamente e incluso si no han participado. Esta responsabilidad se vive desde la rigidez: no hay lugar para la espontaneidad ni la creatividad. Esta distorsión cognitiva genera mucha ansiedad y desgaste emocional. En lenguaje coloquial, podemos decir que el pastor debe estar "dispuesto las 24 horas", incluidos días festivos.

b) *Deberías*

Consiste en el hábito de mantener reglas rígidas y exigentes sobre como tienen que suceder las cosas. Cualquier desviación de esas reglas se considera intolerable, generando ansiedad y desgaste emocional. En esta distorsión del pensamiento, están muy presentes expresiones del tipo: "debo hacer", "no puedo olvidarme", "tengo que hacer". En la base de todas estas expresiones encontramos un patrón de conducta que sólo funciona por el deber, sin cuestionar si lo que se tiene que hacer se puede realizar o posponer. En el ministerio de muchos pastores está muy presente el lema "debería", que se traduce en la realización del trabajo pastoral a costa de lo que sea. Es por ello que muchos pastores trabajan un promedio de 55 horas a la semana o no disponen de tiempo libre para el descanso.

8.2 ¿Qué esperan de mí?: La ambigüedad y la exigencia del rol pastoral como precipitante del desgaste emocional

Uno de los rasgos que más claramente definen al hombre y la mujer de nuestro tiempo, es la profunda vivencia del cambio como nunca antes. Así, las transformaciones de toda índole que puso en marcha la revolución industrial, como el espectacular avance de las innovaciones científicas y tecnológicas que estamos viviendo en las últimas décadas, han venido a caracterizar a nuestra época como una era de importantes cambios y transformaciones de toda índole.

En este nuevo escenario, al cambio científico y tecnológico se une un acelerado proceso de cambio social con importantes modificaciones en los sistemas de producción, que dan lugar a importantes transformaciones en las estructuras de clase. A su vez, la propia intensidad de los cambios influye decididamente en las prácticas sociales, costumbres, modas y hasta en lenguajes, acentuando las diferencias generacionales. Del tal modo que entre un joven actual y sus padres o sus abuelos, puede haber más diferencias que entre estos últimos y sus antepasados de hace dos, o tres, o incluso cuatro siglos.

Este abismo generacional producido por las profundas transformaciones sociales, también ha incidido en la percepción del ministerio pastoral. En un pasado no muy lejano, el rol del pastor era el de teólogo y predicador. Los pastores tenían una posición clara y definida acerca de cual era su labor (predicar, visitar a los enfermos, oficiar en las bodas, administrar el bautismo y asistir los funerales), su ministerio era considerado, respetado y bien visto dentro de la iglesia y fuera de ella. Los miembros de la iglesia procuraban su compañía y el consejo pastoral era aceptado con consideración y estima.

Este rol pastoral se ha mantenido en pie durante siglos, pero desde hace unas décadas se ha empezado a desmoronar y tambalear, debido a que las expectativas y exigencias que se piden hoy al pastor han incrementado respecto al modelo tradicional. Efectivamente, en la mayoría de las iglesias, además de los requisitos descritos en las epístolas (Cf.: 1 Pedro 5:1-4; 1 Timoteo 3:1-7; Tito 1:5-9), se le pide al futuro pastor otras características personales y ministeriales para desarrollar su ministerio en el contexto eclesial. En un estudio realizado por la Universidad de Duke[122] sobre el perfil pastoral que buscan las iglesias, se destacan las siguientes características:

- Tener formación bíblico teológica.
- Sólido compromiso con el ministerio pastoral.
- Competencia musical para dirigir la adoración.
- Profunda vida espiritual.
- Capacidad para establecer relaciones personales y, a la vez, saber mantener las distancias apropiadas con los miembros de la iglesia.
- Competencia en consejería.
- Estar disponible y accesible a las necesidades de la iglesia.
- Tener un carácter cálido y acogedor en el trato con las personas.
- Poseer experiencia en el ministerio pastoral.
- Capacidad de liderazgo en las tareas de evangelización.
- Competencia en la gestión de los recursos eclesiales.

Una primera lectura a esta lista de requisitos nos lleva a una conclusión: el nivel de exigencia y de ambigüedad que se le demanda al candidato pastoral es muy elevado. No es de extrañar que el promedio de horas semanales que trabaja un pastor sea de 55 horas y que éstos expresen sus sentimientos hacia estas exigencias y demandas en frases como: *"Me siento más como un ejecutivo que un pastor"*, *"El ser pastor se parece más a un trabajo que a una vocación"*, *"Siento que*

---

122 A.T Lummis; "What Do Lay People Want In Pastors? Answers from Lay Search Committee Chairs and Regional Judicatory Leaders", *Pulpit and Pew Research Reports,* 3 2003.

mi posición como ministro exige la perfección". Estas frases reflejan un sentimiento de frustración, que tiene su origen en una colisión de expectativas entre la vocación y la realidad eclesial, marcada por la indefinición y las exigencias del ministerio pastoral que le demanda la iglesia.

8.2.1 Consecuencias de la ambigüedad en el ejercicio del ministerio pastoral

La ambigüedad de rol se refiere a la situación que vive la persona cuando no tiene suficientes puntos de referencia para desempeñar su labor o bien éstos no son adecuados o confusos (tabla 2). La ambigüedad de rol en el trabajo es una importante fuente de estrés y ansiedad. Ha sido relacionada con mayor tensión y descontento en el trabajo, baja autoestima, ansiedad y algunos síntomas somáticos de depresión[123]. Una exposición intensa o prolongada a este tipo de estrés, puede causar *burnout.*

En la mayoría de las ocasiones, el pastor vive en esta incertidumbre. No sabe qué se espera de él, es decir, no tiene claro cuál es su rol en la iglesia. En definitiva, dispone de una información inadecuada para hacerse una idea clara del rol que se le pide, bien por ser incompleta, bien porque se puede interpretar de varias formas, o bien por ser muy cambiante.

---

123 S.E Jackson, R.S Schuler," A meta-analysis and conceptual critique of research on role ambiguity and role conflict in work setting Organizational", *Behavior and human decision process,* 36 (1985) 16-78.

Tabla 2
Relación entre la ambigüedad de rol y la aparición del conflicto

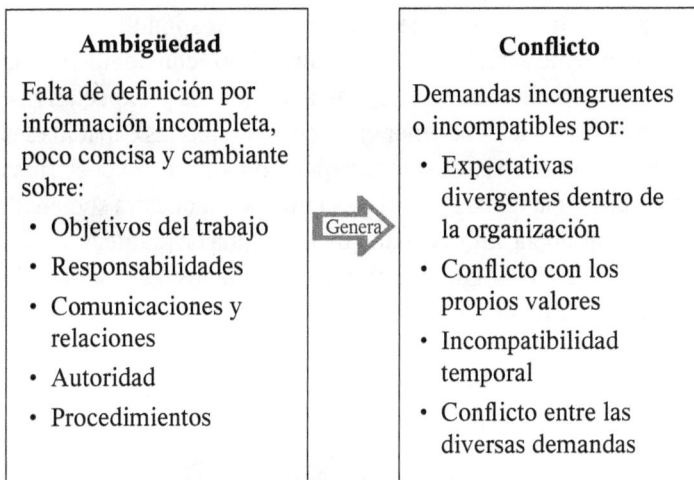

Ambigüedad	Conflicto
Falta de definición por información incompleta, poco concisa y cambiante sobre: • Objetivos del trabajo • Responsabilidades • Comunicaciones y relaciones • Autoridad • Procedimientos	Demandas incongruentes o incompatibles por: • Expectativas divergentes dentro de la organización • Conflicto con los propios valores • Incompatibilidad temporal • Conflicto entre las diversas demandas

(Genera →)

Esta ambigüedad y la confusión del rol pastoral fue señalada por Carl F. H. Henry[124] cuando pregunta: *"¿Quién es el ministro, y qué es lo que está tratando de hacer? ¿Es un hombre tratando de ganarse la vida o es uno con un complejo mesiánico que está tratando de corregir a todos? ¿Cuál es su lugar en la era del espacio?"*. A pesar de que estas palabras fueron escritas hace más de 50 años, su vigencia es perfectamente aplicable a nuestra situación pastoral y eclesial.

Desde este planteamiento de indefinición del ministerio pastoral, urge definir con claridad cuál es el rol del pastor, examinar de que formas su vocación y llamado de Dios se pueden compatibilizar con las necesidades que se generan en la iglesia (espirituales, formativas, administrativas, liderazgo y acompañamiento), de que maneras se puede evaluar su

---

124 *Christianity Today*, (3) 1961. p. 20.

ministerio y como puede compatibilizar su servicio pastoral con su vida personal y familiar.

Estas y otras cuestiones deben ser respondidas desde planteamientos realistas que tengan en consideración la idiosincrasia de cada iglesia, sus necesidades y expectativas. Por otra parte, se debe tener en cuenta no sólo las capacidades y formación del pastor sino también conocer sus expectativas sobre qué es la iglesia y cuál es su misión en nuestra sociedad. De este modo, la ambigüedad que se origina en planteamientos difíciles de conseguir, dará paso a nuevos escenarios de trabajo pastoral donde sus funciones estarán mejor perfiladas. De este modo, el pastor podrá ejercer su actividad con menos estrés, se sentirá más seguro, confiado y respaldado para ejercer su ministerio pastoral.

Preguntas para la reflexión

1. ¿Cuántos años lleva en el ministerio pastoral? Durante este periodo, ¿cuántas veces se ha sentido desgastado emocionalmente?

2. Según su experiencia, ¿cuál es el origen de este desgaste emocional/depresión?

3. ¿Puede identificar qué ideas irracionales están presentes en su actividad pastoral?, ¿Cuántos "deberían" están presentes en su ministerio?

4. ¿Está de acuerdo que la indefinición del rol pastoral es uno de los factores que más pueden precipitar el desgaste emocional de un pastor/a?

9. ¡TÚ SÍ QUE SALVAS AL QUE NO TIENE FUERZA!:[125] RESTAURANDO EL DERRUM-BAMIENTO EMOCIONAL Y ESPIRITUAL

*A veces el dolor resulta tan aplastante porque
se añade a la aflicción que nunca manifestaste
por otras pérdidas sufridas anteriormente
en tu vida. Libera ese dolor.*◆

En los capítulos anteriores hemos descrito los síntomas que caracterizan el *burnout* y en especial hemos descrito los factores desencadenantes que inciden en la vida afectiva del pastor causando depresión y agotamiento emocional. En el presente capítulo, describiremos las acciones necesarias para reducir o eliminar los síntomas negativos; para ello mencionaremos en dos áreas claves para iniciar la mejora: la esfera emocional y la vocacional.

En primer lugar es necesario que el pastor asuma que está viviendo una etapa marcada por el desánimo, la irritabilidad, la sensación de vacío y otros síntomas que afectan nega-tivamente sus relaciones personales y familiares. A estos síntomas, se pueden añadir problemas de salud somáticos (cefaleas, digestiones pesadas, dolores musculares, síndrome vertiginoso, etc.) que incrementan el malestar del pastor.

Ante estos primeros indicios de sintomatología psicosomática, es necesario acudir al médico de familia. Este profesional, por su formación y competencia en el modelo de salud bio-psico-social, es el más idóneo para realizar una historia clínica completa, donde se incluyan todos los aspectos que directa o indirectamente inciden en el malestar físico y emocional que describe el pastor. En la primera visita médica, se solicitarán

---

125 Job 26:1 (NVI)

las pruebas y exámenes clínicos para descartar cualquier enfermedad orgánica relacionada con la sintomatología que presenta el desgaste emocional. Una vez excluida la etiología física, el médico proseguirá con la evaluación de los aspectos psicológicos; y ante la sospecha de *burnout*, propondrá al pastor realizar algún tipo de test que le pueda orientar en el diagnóstico (anexo I).

Cuando se confirma que el pastor sufre *burnout*, se inicia una etapa de ayuda externa para superar la crisis emocional. Es necesario que el pastor exprese en el propio núcleo familiar la situación de fatiga y desgaste emocional que está viviendo, ya que posiblemente lo ha mantenido oculto y silenciado, dando lugar a un mayor sufrimiento emocional. Es en este contexto más íntimo, especialmente con la esposa o esposo, donde se debe expresar las tensiones, miedos y culpas que se han ido almacenando durante tiempo.

El silencio autoimpuesto se ha de romper; no tiene sentido ocultar las emociones negativas que pugnan por salir al exterior. Pero en este espacio de intimidad no se trata de buscar explicaciones, sino que es un tiempo para drenar el dolor emocional acumulado, para compartir las dudas sobre la vocación ministerial, para cuestionar todo aquello que daba sentido al ministerio y ahora se está derrumbando; también puede ser un tiempo para las lágrimas.

Dada la sintomatología incapacitante del *burnout*, es necesario que el pastor tome un tiempo de descanso fuera de toda actividad ministerial. Es por ello que deberá poner en conocimiento del consejo de iglesia, u otro órgano de dirección de su congregación, la necesidad de iniciar un periodo de descanso. Este es un periodo de tiempo oportuno para iniciar un proceso de recogimiento e introspección.

Es un momento vital donde las "máquinas" se deben parar. Hay que revisar y examinar qué se ha hecho hasta hoy y por qué se ha hecho de este modo. En este periodo de reflexión, es importante que el pastor solicite ayuda especializada para aprender a gestionar las emociones y los pensamientos para reducir y prevenir el *burnout*. Por otra parte, es fundamental que inicie un periodo para reflexionar sobre el lugar que ocupa su vocación y el llamado de Dios al ministerio.

9.1 *Aprendiendo a gestionar las emociones*

Hernández-Zamora[126] señala que la forma como se afronta el estrés es determinante para la aparición del *burnout*. Es por ello que la aparición del síndrome no puede deberse única y exclusivamente a las variables de carácter organizacional que están presentes en el ambiente laboral en que se desempeña el trabajo. También se debe resaltar que los aspectos relacionados con el afrontamiento y con la personalidad están vinculados al desarrollo y mantenimiento del síndrome y, sobre todo, a su tratamiento.

Desde este planteamiento, es necesario que el pastor tome consciencia de que en el origen del *burnout,* no sólo inciden los aspectos externos (atención pastoral a los miembros de la iglesia, preparación del culto dominical, temas administrativos, visitación de enfermos, etc.) sino que también influyen aspectos personales como la manera de afrontar y percibir los problemas. Es aquí donde la ayuda profesional es necesaria y efectiva, y estará encaminada a proporcionar recursos para el afrontamiento de las situaciones estresantes.

---

126 I. Hernández Zamora *et al*." Burnout y afrontamiento*", International Journal of Clinical and Health Psychology,* 4 (2004) 323-336.

Se plantean diversas estrategias de intervención en personas ya diagnosticadas de *burnout*, que se pueden resumir en:[127]

- Modificar los procesos cognitivos de autoevaluación (entrenamiento en técnicas de afrontamiento, principalmente a las orientadas a la tarea/solución de problemas).

- Desarrollar estrategias cognitivo-conductuales que eliminen o neutralicen las consecuencias del *burnout*.

- Desarrollar habilidades de comunicación interpersonal, habilidades sociales y asertividad.

- Fortalecer las redes de apoyo social.

- Disminuir y, si es posible, eliminar los estresores organizacionales.

Actualmente, las estrategias y técnicas de intervención se basan en los diversos métodos y conocimientos desarrollados para afrontar y manejar el estrés. Entre éstas, destacan las técnicas de relajación, el biofeeedback, las técnicas cognitivas de reestructuración cognitiva, las técnicas de resolución de problemas, el entrenamiento de la asertividad y técnicas que ayudan a potenciar habilidades de afrontamiento y las técnicas de autocontrol dirigidas a las consecuencias conductuales[128].

---

127 J. Montero-Marín et. al., "Coping with Stress and Types of Burnout: Explanatory Power of Different Coping Strategies", *PLoS ONE,* 9 (2014).

128 Existe abundante bibliografía elaborada periódicamente por la Sociedad Española para el Estudio de la Ansiedad y el Estrés -SEAS- sobre técnicas para disminuir el impacto del estrés, sus causas, los cuidados que debemos tener, consejos y prácticas apropiadas, La SEAS es una sociedad sin ánimo de lucro que agrupa a psicólogos, psiquiatras, médicos, psicopedagogos, pedagogos, sociólogos, investigadores en general, y otros profesionales de este campo. (Cf. http://www.ansiedadyestres.org/content/noticias).

La mayoría de estas intervenciones se centran en la prevención de los factores de riesgo con el fin de que se reconozca el problema y se actúe lo más rápidamente.

9.1.1 Estrategias de autocuidado

La esencia del autocuidado radica en la capacidad de las personas para ejercer control sobre su salud o enfermedad. Es decir, la persona tiene la percepción de que posee capacidades y habilidades para dirigir y controlar su propia vida. En la medida en que somos capaces de gestionar y controlar nuestros propios recursos, seremos menos vulnerables al estrés y presiones exteriores. Algunas recomendaciones para potenciar el autocuidado del pastor y para disminuir los efectos nocivos del *burnout* son:

- Aprender a anticipar los efectos iniciales del malestar emocional y físico.
- Realizar de forma periódica actividades lúdicas, recreativas, sociales y deportivas.
- Cultivar el sentido del humor.
- Dormir las horas suficientes para proporcionar un descanso reparador.
- Aprender a delimitar el área pastoral del área personal.
- Contar con redes sociales de apoyo: amigos, familia, pastores, otros grupos.
- Dejar de buscar la aprobación constante de los demás (consejo de iglesia, responsables denominacionales, miembros de iglesia, etc.).
- Aceptar y vivir las emociones sin miedo. Expresar alegría cuando se está alegre y expresar tristeza cuando haya motivos para ello.
- Deja de juzgar. Asumir que el único que puede juzgar es Dios.

- Dedicar un día a la semana al descanso para recuperar la auténtica dimensión del "día de reposo".

Estas recomendaciones tienen como principal objetivo que el pastor tome consciencia de forma progresiva, de la necesidad de mejorar y potenciar su autocuidado emocional. De este modo, el autocuidado activo no solamente tiene una función reductora del impacto del estrés, sino que también facilita conductas adaptativas que previene el estrés y el desgaste emocional.

9.2 Medidas a nivel organizativo eclesial que contribuyen a la prevención del burnout

Tal como se ha señalado anteriormente, el contexto eclesial donde el pastor ejerce su ministerio también puede incidir en la aparición del *burnout*. Ello es debido a que el pastor realiza, la mayoría de las ocasiones, su labor atendiendo a personas que presentan conflictos de relación, problemas personales de diversa índole, crisis espirituales y situaciones donde el conflicto, el sufrimiento y el dolor están presentes. También hay que señalar que el pastor, frecuentemente, debe implicarse y participar en dinámicas eclesiales y denominacionales donde la disparidad de opiniones y criterios están presentes, generando situaciones de tensión y estrés.

A estas situaciones, se debe añadir un elemento de conflicto que ya se ha referenciado anteriormente: la ambigüedad del rol pastoral. Esta indefinición es descrita por Rice cuando afirma:[129] *"La práctica del ministerio cristiano hoy se halla bajo un considerable desconcierto y confusión...La tarea a la cual los pastores son llamados es a menudo la actividad*

---

129 H. Rice, *El Pastor como guía espiritual*, Barcelona: Portavoz 1999. Pp. 11-15.

menos valorada por los miembros de la iglesia...". Esta imprecisión de los límites del ministerio pastoral, asume al pastor en una situación de indefinición donde potencialmente cualquier tarea debe ser asumida por él.

Los pastores perciben que las tareas administrativas ocupan más tiempo en sus agendas que las actividades propias del ministerio pastoral. Desde este planteamiento, la iglesia local está llamada a definir con claridad el rol del pastor. Dicho de otro modo, debe explicarle al candidato al ministerio, lo más precisamente que sea posible, qué espera de su ministerio y actividad pastoral. Pero esta explicación no debe ser general, al contrario, la iglesia debe hacer un esfuerzo para contextualizar sus demandas, describiendo cuáles son sus necesidades y expectativas concretas.

Por otro lado, es necesario que el trabajo ministerial no se ejerza en soledad. Se debe potenciar el trabajar en equipo con el consejo de iglesia u órganos de liderazgo eclesial; en esta cooperación la comunicación debe ser lo más fluida posible, facilitando espacios de diálogo donde las discrepancias sean expresadas sin dificultad ni temor. Este punto es muy importante porque existe la idea errada que en la iglesia no puede haber diferentes opiniones, discrepancias y conflictos. De tal manera que las diferencias y desacuerdos pueden ser vividos como antagónicos a las relaciones fraternales y pastorales.

Una lectura atenta de las cartas pastorales del Nuevo Testamento nos demuestra que éstas fueron escritas precisamente porque en la mayoría de las comunidades el conflicto y las diferencias estaban presentes. Es por este motivo que tanto el pastor, el consejo eclesial y la membresía deben mantener siempre los puentes de comunicación abiertos, permitiendo la expresión de opiniones y discrepancias en un contexto de libertad y fraternidad.

9.3 *"Tus días de tristeza llegarán a su fin"*: *recuperando la alegría.*

El desgaste emocional también impacta en la esfera vocacional del pastor, cuestionando y poniendo en duda su valía y llamada al ministerio. En este período, las dudas sobre la capacitación ministerial empiezan a emerger con fuerza y la ilusión con la que se inició el ministerio pastoral se difumina rápidamente. El trabajo pastoral se vive como una pesada carga, se magnifican los problemas y se pierde la perspectiva sobre el significado de ser pastor.

Este "no poder más" es la expresión de los sentimientos de impotencia y cansancio que se experimenta cuando las fuerzas fallan, cuando uno es plenamente consciente de que ha llegado a una situación límite, que ya no se puede más. Estos mismos sentimientos también encuentran eco en hombres y mujeres de fe que expresaron su falta de fuerzas e ilusión. El personaje bíblico que mejor ha expresado su perplejidad, queja y dolor ante el sufrimiento ha sido Job. No calla su angustia, la expresa con todas sus fuerzas a Dios.

> *¡Ya estoy cansado de vivir!*
> *Voy a desahogarme con mis quejas;*
> *Daré rienda suelta a mi amargura.*
> *¡Oh Dios, no me declares culpable!*
> *¡Dime de qué me acusas[130]!*
> *Tú –Dios- has hecho que todos hablen mal de mí*
> *Y que me escupan en la cara.[131]*
>
> *Ya no tengo ganas de vivir;*
> *La aflicción se ha apoderado de mí.*
> *El dolor me penetra hasta los huesos;*

---

130 Job 10, 1-2 (DHH)
131 Job 10, 1-2 (DHH)

Sin cesar me atormenta por las noches.
Dios me ha cogido por el cuello
Y con fuerza me sacude la ropa.
Me ha arrojado al lodo
Cual si yo fuera polvo y ceniza.
Te pido ayuda, oh Dios, y no respondes;
Te suplico, y no me haces caso.
Te has vuelto cruel conmigo,
Me persigues con rigor.[132]

En su diálogo con Dios Job le expresa toda su rabia y dolor abiertamente, utiliza expresiones que ninguno de nosotros se atrevería pronunciar. Job, en la expresión de su queja, no se reprime, sino que da rienda suelta a su amargura porque su dolor le ha calado y ha penetrado en los huesos. Para Job, Dios está sordo, no le oye, es insensible, y ajeno a su dolor; abiertamente y sin reparo le dice: *"eres cruel"*. En esta catarsis emocional Job muestra su rabia ante la arbitrariedad de los acontecimientos le han roto su corazón y le ha asumido en la *"noche oscura del alma"*. Ante la queja de Job, Dios escucha y no le recrimina la actitud de reproche que ha tenido con él.

Esta actitud catártica de Job nos sirve como modelo para entender la necesidad de expresar el sufrimiento emocional y la duda de la ausencia y presencia de Dios. De las palabras de Job, aprendemos que es necesario y terapéutico drenar el dolor, dejar que fluya el enojo, la queja y la duda. Por el contrario, reprimir o silenciar el sufrimiento que genera las dudas produce más perplejidad y sinsentido.

Como Job, el pastor que experimenta el desgaste emocional se encuentra perplejo y desconcertado ante la situación de tristeza, desolación y duda que está viviendo. ¿Dónde

---

132 Job 30, 16-20 (DHH)

está Dios? ¿En dónde han quedado los sueños e ilusiones de juventud para servirle en el ministerio? ¿Dónde está la llamada del Señor? ¿Por qué ahora el ministerio se vive como una pesada losa? Estas y otras preguntas resuenan en el corazón y en la mente del pastor exhausto. Como Job, debe dar *"rienda suelta a la amargura"*. No se debe racionalizar ni dar explicaciones a las emociones negativas que brotan con fuerza del corazón herido. Es necesario decirle a Dios, con todas las fuerzas, que su silencio es hiriente, que necesitamos que Dios responda *"con la voz del trueno[133]"*, para que las dudas y el desconcierto se disipen.

9.4 *El derrumbamiento y restauración del profeta Elías: modelo para la recuperación de la crisis vocacional*

Uno de los relatos bíblicos donde mejor se describe el derrumbamiento emocional y espiritual, lo encontramos en el primer libro de los Reyes, donde se nos describe al profeta Elías asumido en un estado de abatimiento y desgaste emocional. El profeta vigoroso que había sido capaz de soportar la tensión del enfrentamiento con los profetas de Baal, ahora se siente débil, agotado, sin aliento ni perspectivas de futuro. Autores como Chávez[134] sostienen que:

> "El texto bíblico permite al lector moderno discernir elementos que indican que Elías poseía un temperamento ciclotímico. Es capaz de grandes, intrépidas hazañas y, mientras le dura la euforia, puede hacer cosas que requieren un vigor sobrehumano (stamina). Pero cuando algo desencadena su depresión, puede volverse suicida. Esto es lo que se nos transmite en los acontecimientos perti-

---

133 Ex. 19:19 (BLPH)

134 E.M Chávez, ""La huída de Elías al Horeb," *AnáMnesis,* 23 (2002) 5-15. Para un estudio detallado de I Reyes 19: Pedro Zamora, *Reyes I.* Madrid: Verbo Divino, 2011, págs. 362-375.

nentes del ciclo de Elías. Pudieran muy bien remitirse a auténticos recuerdos de este gran hombre".

En contra de la opinión de Chávez, no encontramos elementos en el texto que describan un trastorno ciclotímico[135] del carácter del profeta; entendemos que, según la información que nos aporta el relato, Elías experimenta un estrés intenso (lo quieren asesinar) que le precipita un estado depresivo.[136] Escapa de cuanto le rodea y huye al desierto: *"Entonces Elías caminó todo el día por el desierto, se sentó debajo de un arbusto y con ganas de morirse, dijo: «¡Ya basta, SEÑOR! ¡Déjame morir, que no soy mejor que mis antepasados¡ "*[137] El texto nos describe a Elías no en medio de las multitudes del monte Carmelo (1 R.18, 20), sino caminando en el desierto.

9.4.1 *El desierto, lugar de reencuentro con Dios*

En el AT se nos recuerda que en el desierto Israel experimenta la soledad, no dispone de medios materiales, no tiene nada que comer ni de beber. Es en este contexto de privacidad, donde Israel experimenta la relación de dependencia total con el Señor de la Vida. Nada se puede cultivar, la supervivencia es difícil, pero Israel no muere de hambre porque Dios lo alimenta con el maná. El desierto es una prueba para Israel, pero ella es confortada por la presencia de Dios, que cuida y protege a su pueblo. Israel en el desierto tendrá que vivir sin tierra,

---

135 La ciclotimia es una forma leve de trastorno bipolar, caracterizada por periodos de hipomanía y depresión leve. Es una alteración del estado de ánimo crónica con una duración de al menos dos años.

136 Recientemente un estudio publicado por la Universidad de Washington ha descrito el mecanismo molecular por el cual el estrés puede conducir a la depresión. (Cf. J.C. Lemos et al.,"Severe stress switches CRF action in the nucleus accumbens from appetitive to aversive". *Nature* 490 (2012) 402–406.

137 1ª R 19:4 (PDT)

sin bienes, sin recursos, apoyado únicamente en la fe en Dios, acogiendo su palabra y aceptando el maná que él le da.[138]

Por tanto, el desierto es descrito como el lugar de las pruebas y de la crisis. Esta crisis es necesaria porque sin ella, no hay posibilidad de crecimiento ni de maduración. Ése es el único lugar donde el hombre y la mujer pueden escuchar la voz sin ruidos ni interferencias. El desierto es el lugar donde el encuentro con Dios se hace más intenso:[139]

> "El desierto nos invita, más que a explicar, a testimoniar, a ser testigos de Dios, algo que exige pasar inevitablemente por una etapa de desierto. Si somos capaces, en medio del yermo que muchas veces es hoy nuestra experiencia de fe, de confiar, como Jesús, hasta el final, de esperar contra toda esperanza, entonces estará empezando a surgir en nosotros una nueva relación con Dios".

Pero transitar por el desierto es duro, las fuerzas físicas fallan, las seguridades se resquebrajan y la confianza en Dios se debilita.[140] Es por ello que Elías, en su caminar por el desierto, se sienta debajo de un arbusto y le dice a Dios: *"basta ya, toma mi vida"*; es decir, ya no puedo más, estoy cansado, sin fuerzas ni ilusión. El texto de 1° Reyes 19 señala que el paso

---

138 E. Sanz, "Creer y recordar. Dios e Israel en el desierto", *Revista Sal Terrae*, 96 (2008) 813-824.

139 A. Bueno, **"Sal de la ciudad, ve al desierto y permanece en él"**, *Revista Sal Terrae*, 96 (2008) 853-864.

140 Otro profeta que se sentó solo y abatido debido a la falta de respuesta de su pueblo y a la persecución fue Jeremías (Jr 15:17). Por razones diferentes, Jonás (4:5-6) también se sentó bajo una planta deseando la muerte, v. 3. Todos estos son imágenes de abatimiento, enojo y duda. Utilizando un lenguaje contemporáneo, se podría decir que estaban experimentando un síndrome de *"burnout"*. Cf. R. Nelson, *First and Second Kings* (Atlanta 1987), 122: "Elijah Burns Out and is Recommissioned."

de Elías de nuevo a la acción es paulatino; es necesario que el profeta descanse y recomponga sus fuerzas. El texto nos dice que lo primero que hace Elías es dormir, porque necesitaba descansar del cansancio y del desgaste emocional. Después un ángel lo toca y le dice que se levante y coma, debe reponer fuerzas y energías; una vez que Elías come, se vuelve a dormir; aun es necesario descansar más. Por segunda vez, el ángel lo despierta con las mismas órdenes de levantarse y comer, y se le dice que hay un viaje que tiene que hacer.

Elías, con el descanso reparador y la fuerza del alimento que le dio Dios, caminó cuarenta días y noches hasta Horeb. El número es simbólico y recuerda el camino de cuarenta años de Israel por el desierto cuando dejó el Sinaí. Allí Israel también fue alimentada por Dios (cf. Dt 8:3-4). Elías regresa al lugar donde todo comenzó para Israel, a la montaña del Señor, el Horeb (cf. Ex 3:1; 24:13,). El profeta quiere estar cerca de Dios en el lugar de la alianza. En Horeb el Dios de Abraham, de Isaac y de Jacob se había revelado bajo el nombre de Yahvé (Ex 3; 6); en el Horeb se había sellado la alianza (Ex 19-24).

Como en el proceso de recuperación de Elías, el pastor agotado emocionalmente debe *"dormir y comer"*. Sabemos que el sueño evita el estrés, disminuye la sintomatología depresiva y mejora la capacidad de atención y concentración. Es por ello, que en una primera fase de intervención en el agotamiento emocional es necesario favorecer el descanso y el sueño reparador. Por otro lado, la alimentación equilibrada y variada también ayuda a restablecer las fuerzas y energías necesarias para la recuperación física y emocional.

Después de comer y descansar, el pastor debe proseguir su viaje *"cuarenta días y noches hasta el Horeb"*. Es necesario iniciar un viaje interior que tiene como meta el *monte Horeb*, es decir, el *lugar* donde empezó la vocación y la llamada de Dios. Este *lugar* hace referencia cuando el pastor empezó a considerar su vocación, tiempo de dudas e incertidumbre pero también de intuiciones que el camino emprendido era el correcto. Es por ello, que volver a *Horeb* significa volver al inicio de ese camino que un día se decidió transitar. Es la invitación a profundizar en el significado del proyecto vital que se eligió libremente como modelo de vida y ahondar en las motivaciones que le llevaron al ministerio.

Este peregrinaje hacia la profundidad del propio yo es difícil y complejo. Se encuentran resistencias y defensas psicológicas que impiden la reflexión serena y pausada. Pero este viaje interior no puede detenerse, ya que el proceso de recuperación física, mental y espiritual del pastor pasa necesariamente por el reencuentro con el Señor, allá donde él le llamo para el ministerio. Este *Horeb* es el lugar, donde por primera vez la llamada de Dios fue clara, las dudas se disiparon, la alegría empezó a brotar de forma inesperada, los nubarrones dieron paso a una luz clara y diáfana.

Es necesario volver a *Horeb*, al principio e inicio de la llamada de Dios, porque es la invitación a descubrir que no está todo perdido, que es posible salir adelante con fuerza renovada con la ayuda del Espíritu de Dios. Es en este contexto donde la confianza en el Dios de la Vida toma su verdadera dimensión y significado. Desde esta perspectiva, es necesario que el pastor tenga presente cuándo y cómo Dios lo llamó al ministerio y de que formas se empezó a articular un proyecto vital que puso en marcha todas sus ilusiones y energías.

9.4.1.1 *"Elías, ¿por qué estás aquí?"*[141]

Hasta la montaña de Dios ha subido Elías a presentar sus quejas a quien un día le llamó y después le dejó a su suerte. Se

---

141 1 R 19,13 (PDT)

encuentra en Horeb, lugar donde un día Dios dio la alianza, el pacto de amor con su pueblo. Elías entra en una cueva a pasar la noche. No oye nada, hay silencio. ¿Dónde está Dios? Es en este contexto de duda y espera cuando se le aparece Dios.

El Dios de Elías nada tiene que ver con las deidades de los pueblos vecinos. Es el Dios personal, que se dirige por su nombre y se le presenta en «*la brisa tenue*». Elías es ahora plenamente consciente de la presencia de Dios, por eso cubre su rostro con el manto. Y es entonces cuando se le pregunta: *"¿Por qué estás aquí?"* La pregunta va dirigida al corazón de Elías. El profeta solamente le puede responder desde la profundidad de su ser: *"yo siempre te he servido lo mejor que he podido"*.[142]

Elías le manifiesta a Dios su deseo de servirle, pero siente que su misión ha fracasado. Los israelitas han roto el pacto, los enemigos son más poderosos y sólo queda él como profeta. Después del encuentro con Dios, Elías ha aprendido que Dios es *brisa suave,* que cambia el rostro de la realidad: no está sólo, otros siete mil han sabido mantenerse fieles. El mismo profeta tendrá sucesor, y las circunstancias políticas pronto serán distintas.

Es en su *Horeb,* donde el pastor/a espera de nuevo escuchar la voz del Señor. A diferencia de Baal, Dios no duerme sino que está vigilante cuidando a sus hijos. Para describir este cuidado, el salmista utiliza, en el salmo 121, imágenes y metáforas que ayudan a entender con mayor claridad en qué consiste el cuidado de Yahvé: *"El Señor es tu protector; el Señor es como tu sombra: ¡siempre está a tu mano derecha![143]".* *"El Señor te estará vigilando cuando salgas y cuando regreses,*

---

142 1 R 19,14 (PDT)

143 Sal 121,5 (RVC)

desde ahora y hasta siempre[144]". "La salida y la entrada" es una expresión que abarca toda la vida de la persona, y es en este itinerario donde el cuidado de Dios se hace presente de una forma integral en todo momento y lugar. A diferencia de Baal (1 R 18:27), Yahvé no duerme, siempre está velando y cuidando a sus hijos y no permite que sus pies resbalen por el desfiladero.

Durante la caminata por el desierto, el pastor/a ha estado reflexionando sobre su proyecto vital, sobre sus relaciones afectivas. Ha meditado en el llamamiento que un día recibió para servir a Dios en su Iglesia. Ha sido un tiempo para reflexionar, para hablar con otros pastores, para estrechar lazos de amistad y para profundizar en las relaciones familiares, en especial con la esposa/o. También habrá sido un tiempo para leer las Escrituras, en especial los relatos de vocación, el Salterio y el libro de Job. Tiempo necesario para la oración pausada y serena.

En el *monte* espera a Dios. Las dudas, los temores y la incertidumbre pesan mucho. Como Elías, el pastor siente que se ha quedado solo, la obra de Dios se ha hundido, y ya no hay perspectivas de futuro. Y es entonces cuando oye la voz de Dios que le pregunta: *¿qué haces aquí?* Contestar esta pregunta implica tener plena consciencia de todo el proceso que se ha vivido desde el derrumbamiento emocional y espiritual hasta ahora. ¿A qué se ha acudido a la cita con Dios?, ¿Qué se espera de él? La pregunta se dirige también hacia la profundidad del corazón del pastor: ¿Qué quiero hacer con mi vida?

Al igual que Elías, Dios nos demuestra que la realidad no es dicotómica sino que hay multitud de matices y contrastes. La percepción del pastor se focaliza, a veces, en las tensiones

---

144 Sal 121,9 (RVC)

y conflictos que ha vivido en el contexto eclesial y que han sido un factor de su desgaste emocional. Y es cierto que en la iglesia encontramos focos de tensión y conflicto, luchas por el poder y afán de protagonismo. También las cartas pastorales en el Nuevo Testamento señalan esta realidad de confrontación. Pero también es cierto, como nos recuerda el Señor, que hay hermanos y hermanas que creen que la iglesia, a pesar de sus conflictos y tensiones, está llamada a crear espacios de libertad, a ser un lugar de acogida fraternal donde vivir y compartir la Buena Noticia del reino de Dios.

9.5 Conclusión: "Ve, regresa por tu camino"[145]

En este capítulo hemos expuesto algunas de las intervenciones que pueden ayudar a restablecer el equilibrio emocional y espiritual del pastor que sufre un desgaste emocional. Hemos utilizado la metáfora del *camino por el desierto*, para describir el proceso de recuperación necesario que debe experimentar el pastor antes de volver al ministerio. En este *caminar*, lo más importante es recuperar las fuerzas físicas, el equilibrio emocional y que su relación con Dios haya recobrado una nueva dimensión de profundidad y significado vital. Desde esta recuperación integral el pastor podrá encontrar una perspectiva del ministerio pastoral más amplia y profunda, y podrá decir con el profeta:

> *"El desierto y el yermo se regocijarán,*
> *se alegrarán el páramo y la estepa,*
> *florecerá como flor de narciso,*
> *se alegrará con gozo y alegría.*
> *Ellos verán la gloria del Señor,*
> *la belleza de nuestro Dios".*
> (Is 35, 1-2)

---

145 1R 19,15 (LBLA)

Preguntas para la reflexión

1. En relación con su ministerio pastoral, ¿ha tenido alguna "señal de alarma" (insomnio, ansiedad, etc.) que ha requerido una consulta médica?

2. Como Elías, ¿ha experimentado la necesidad de "acabar de una vez"?

3. Qué ha significado para usted la vocación y la llamada del Señor al ministerio? Durante su tiempo como pastor/a, ¿se ha cuestionado su vocación?

4. ¿De qué formas la comunidad de fe podría ejercer una función preventiva en el desgaste emocional del pastor?

5. Como Elías, ¿ha vuelto a su *Horeb*?

ANEXOS

Anexo I
Criterios Diagnósticos Episodio
Depresivo Mayor según DSM-IV-TR

A	Cinco (o más) de los síntomas siguientes durante el mismo período de 2 semanas y representan un cambio respecto del desempeño previo; por lo menos uno de los síntomas es (1) estado de ánimo depresivo o (2) pérdida de interés o placer.
	(1) Estado de ánimo depresivo la mayor parte del día, casi todos los días, indicado por el relato subjetivo o por observación de otros.
	(2) Marcada disminución del interés o del placer en todas, o casi todas, las actividades durante la mayor parte del día, casi todos los días.
	(3) Pérdida significativa de peso sin estar a dieta o aumento significativo, o disminución o aumento del apetito casi todos los días.
	(4) Insomnio o hipersomnia casi todos los días.
	(5) Agitación o retraso psicomotores casi todos los días.
	(6) Fatiga o pérdida de energía casi todos los días.
	(7) Sentimientos de desvalorización o de culpa excesiva o inapropiada (que pueden ser delirantes) casi todos los días (no simplemente autorreproches o culpa por estar enfermo).
	(8) Menor capacidad para pensar o concentrarse, o indecisión casi todos los días (indicada por el relato subjetivo o por observación de otros).
	(9) Pensamientos recurrentes de muerte (no sólo temor de morir), ideación suicida recurrente sin plan específico o un intento de suicidio o un plan de suicidio específico.

B	Los síntomas no cumplen los criterios de un episodio mixto
C	Los síntomas provocan malestar clínicamente significativo o deterioro del funcionamiento social, laboral o en otras esferas importantes
D	Los síntomas no obedecen a los efectos fisiológicos directos de una sustancia (por ejemplo, una droga de abuso, una medicación), ni a una enfermedad médica general (por ejemplo hipotiroidismo).
E	Los síntomas no son mejor explicados por duelo, es decir que tras la pérdida de un ser querido, los síntomas persisten por más de 2 meses o se caracterizan por visible deterioro funcional, preocupación mórbida con desvalorización, ideación suicida, síntomas psicóticos o retraso psicomotor.

Anexo II
Oraciones para la reflexión y meditación

Señor, eres la luz para el camino, por eso si te volvemos la espalda tropezamos, caemos y nos hacemos daño. Claro que no siempre es fácil dirigir la mirada hacia la luz, porque ella descubre nuestras oscuridades, y llega a los rincones de nuestra vida que deseamos ocultar. Tu luz nos ayuda a entender la realidad que vivimos, y evita que andemos como ciegos a los tumbos y sin reconocer las señales de tu camino. Señor, ayúdanos a abrir los ojos, amanece cada día para alumbrar nuestros pasos. Enséñanos a caminar contemplando la realidad de tu mirada, para poder superar los tropiezos y dificultades, para avanzar en tu proyecto y crecer en la esperanza. Que así sea.

Marcelo Murúa

Creemos que en los momentos de crisis y desesperanza,
Tú eres la esperanza.
Creemos que ante la enfermedad y el dolor,
Tú eres la fortaleza y el sostén.
Creemos que ante la desunión de la familia,
Tú eres la unión.
Creemos que ante la soledad y la falta de fe,
Tú eres nuestra compañía.
Creemos que ante las situaciones más oscuras,
Tú eres la luz.

Te pedimos ser instrumentos tuyos
para que reflejemos...
tu esperanza, tu fortaleza y tu sostén,
tu unión, tu compañía y tu luz
en nuestros hermanos.

Encuentros Ecuménicos de la Palabra

En medio de las oscuridades de la vida,
pidiendo tu luz,
clamo a Ti, oh Dios.
En medio del dolor, y la resignación y las miserias,
que nublan la vida y la vista,
pidiendo tu claridad,
clamo a ti, oh Dios.
En medio de la injusticia, el hambre y la violencia
que lastima, desgarra y oscurece la vida,
pidiendo tu poder,
 clamo a Ti, oh Dios.
Tú eres la luz del mundo,
Tú eres claridad para la vida,
Tú eres poder en nosotros.
Danos luz
para iluminar al mundo.
Danos claridad
para caminar por tus sendas.
Danos poder
para servirte en los demás.

Rvdo. Jorge Daniel Zijlstra

¡Señor! prepárame para que en los días de prueba,
sea yo una vencedora.
No permitas ¡oh! Dios,
que sea yo vencida
que no se turbe mi corazón, ni que tenga miedo.
Acepto voluntariamente,
que vayas delante de mí, preparando mi bienestar.
Esperaré confiadamente,
que tu satisfagas mis necesidades diarias:
recordando que solo tengo este día para enfrentar el hoy
y hacer mi parte del trabajo.
No me afanaré por el día de mañana,
pues me bastará con el afán del día de hoy.
Oraré por lo tanto al Dios de la vida,
pidiendo que aligere hoy mis cargas y
confesando que necesito tu ayuda para el resto del camino.

Alicia Chacó

Son tantos los lugares recorridos
y tantos los sueños tenidos
creyendo y afirmando
que no hay más caminos
que aquellos que marca el caminante,
que hoy mi palabra duda y teme alzarse.

Pero desde este lugar en que me encuentro,
a veces sin rumbo y perdido,
a veces cansado y roto,
a veces triste y desilusionado,
a veces como al inicio,
te susurro y suplico:

Enséñame, Señor, tus caminos;
tus caminos verdaderos,
tus caminos desvelados y ofrecidos,
seguros, limpios y fraternos,
tus caminos de gracia, brisa y vida,
tus caminos más queridos,
tus caminos de "obligado cumplimiento",
tus caminos a contracorriente
de lo que la propaganda ofrece,
que se recorren en compañía
y nos dejan a la puerta de tu casa solariega.

Llévame por tus avenidas de paz y justicia,
por tus rotondas solidarias y humanas,
por tus autopistas de libertad y dignidad,
por tus cañadas de austeridad y pobreza,
por tus sendas de utopía y novedad,
y si es preciso, campo a través siguiendo tus huellas
y por la calle real de la compasión y misericordia.

Y que al llegar a la puerta de tu casa solariega
pueda lavarme y descansar en el umbral,
oír tu voz que me llama, y entrar
para comer y beber contigo
y sentirme hijo y hermano en el banquete
preparado por ti y tus amigos.

Florentino Ulibarri

Sabes, Señor, que soy uno de los tuyos,
que creo en ti y formas parte de mi vida,
pero muchas veces vivo como si no existieras,
porque no termino de fiarme en ti del todo.

Quiero tener la fe de la mujer que tocó tu manto,
convencida de que Tú podías sanarle.
Me invitas a levantarme, a no sestear en la mediocridad,
a vivir una vida apasionante, a trabajar con la misma
hermandad que Tú
y a confiar en ti mientras transcurre mi historia.

Tú me impulsas a levantar todo lo que está en mí dormido.
Tú me enseñas que puedo llegar a mucho más.
Tú me haces creer en el ser humano,
con todo lo que tiene de grandeza y fragilidad.

La fe en ti, Señor, me aparta de fatalismos y desesperanzas,
porque me haces confiar en las personas.
Hay mucho dolor en nuestro mundo,
a algunos les ha tocado una vida muy dura...
Hoy te pido que susurres al oído de cada hermano:
"Tu fe te ha salvado, vete en paz"...

Mari Patxi Ayerra

Que la tierra se vaya haciendo camino ante tus pasos
que el viento sople siempre a tus espaldas
que el sol brille cálido sobre tu cara,
que la lluvia caiga suavemente sobre tus campos
y hasta tanto volvamos a encontrarnos
Dios te guarde en la palma de su mano

Antigua bendición irlandesa

Al concluir, Señor, un día más,
confío a ti por entero;
mis progresos y mis fallos,
mis sentimientos y mis dudas,
mis afectos y mi desconsuelo.

Dame paciencia, Señor, a pesar
de las preocupaciones que me asaltan;
dame valor para cambiar en mi vida
lo que debo cambiar;
dame serenidad para aceptar
lo que no puedo cambiar.

Te doy gracias, Señor,
por cuanto hacen los demás para ayudarme.
Te ruego que esta noche no te alejes
de cuantos tienen miedo o están solos.
Acaricia los cuerpos que sufren;
consuela al que está angustiado y deprimido;
ayuda a quien vacile en su fe.
Alivia los sufrimientos;
infunde paz en las mentes
y esperanza en los corazones.

Haz, Señor,
que en lugar de maldecir las tinieblas
estemos prestos a encender nuestras lámparas
para iluminar el mundo.

                    Comisión Arquidiocesana
                    de Pastoral de la Salud

Querido Dios:
Estoy lleno de anhelos,
lleno de deseos,
lleno de expectativas.

Algunos se realizarán; muchos no, pero en
medio de todas mis satisfacciones y decepciones,
confío en ti.

Sé que nunca me dejarás solo
y que cumplirás tus promesas divinas.
Aún cuando parezca que las cosas
no siguen mi camino,
sé que siguen el tuyo
y que, finalmente,
tu camino es el mejor para mí.

¡Oh, Señor! Refuerza mi esperanza,
en particular cuando mis numerosos deseos
no se cumplen.
Nunca dejes que olvide que tu nombre es Amor.
Amén.

Henri Nouwen

Anexo III

Cuestionario de
Maslach Burnout Inventory

El cuestionario Maslach se realiza en 10 a 15 minutos y mide los 3 aspectos del síndrome: Cansancio emocional, despersonalización, realización personal. Con respecto a las puntaciones se consideran bajas las por debajo de 34, altas puntuaciones en las dos primeras subescalas y bajas en la tercera permiten diagnosticar el trastorno.

1. Subescala de agotamiento emocional. Consta de 9 preguntas. Valora la vivencia de estar exhausto emocionalmente por las demandas del trabajo. Puntuación máxima 54

2. Subescala de despersonalización. Está formada por 5 ítems. Valora el grado en que cada uno reconoce actitudes de frialdad y distanciamiento. Puntuación máxima 30

3. Subescala de realización personal. Se compone de 8 ítems. Evalúa los sentimientos de autoeficacia y realización personal en el trabajo. Puntuación máxima 48.

La clasificación de las afirmaciones es la siguiente: Cansancio emocional: 1, 2, 3, 6, 8, 13, 14,16, 20. Despersonalización: 5, 10, 11, 15, 22. Realización personal: 4, 7, 9, 12, 17, 18, 19, 21. La escala se mide según los siguientes rangos:

0 = Nunca
1 = Pocas veces al año o menos
2 = Una vez al mes o menos
3 = Unas pocas veces al mes o menos
4 = Una vez a la semana
5 = Pocas veces a la semana
6 = Todos los días

Se consideran que las puntuaciones del MBI son bajas entre 1 y 33. Puntuaciones altas en los dos primeros y baja en el tercero definen el síndrome.

cuestionario ☞

1. Me siento emocionalmente agotado por mi trabajo.

2. Cuando termino mi jornada de trabajo me siento vacío.

3. Cuando me levanto por la mañana y me enfrento a otra jornada de trabajo me siento fatigado.

4. Siento que puedo entender fácilmente a los pacientes.

5. Siento que estoy tratando a algunos pacientes como si fueran objetos impersonales.

6. Siento que trabajar todo el día con la gente me cansa.

7. Siento que trato con mucha eficacia los problemas de mis pacientes.

8. Siento que mi trabajo me está desgastando.

9. Siento que estoy influyendo positivamente en la vida de otras personas a través de mi trabajo.

10. Siento que me he hecho más duro con la gente.

11. Me preocupa que este trabajo me esté endureciendo emocionalmente.

12. Me siento con mucha energía en mi trabajo.

13. Me siento frustrado en mi trabajo.

14. Siento que estoy demasiado tiempo en mi trabajo.

15. Siento que realmente no me importa lo que le ocurra a mis pacientes.

16. Siento que trabajar en contacto directo con la gente me cansa.

17. Siento que puedo crear con facilidad un clima agradable con mis pacientes.

18. Me siento estimado después de haber trabajado íntimamente con mis pacientes.

19. Creo que consigo muchas cosas valiosas en este trabajo.

20. Me siento como si estuviera al límite de mis posibilidades.

21. Siento que en mi trabajo los problemas emocionales son tratados de forma adecuada.

22. Me parece que los pacientes me culpan de alguno de sus problemas.

BIBLIOGRAFÍA

Aholaak A., Hakanena J.,Perhoniemia, R.,Mutanen P. "Relationship between burnout and depressive symptoms: A study using the person-centred approach", *Burnout Research* 1 (2014) 29–37.

E., Cardoner N., Colom F., López-Cortacans G. *Guía de Buena Práctica Clínica* en *Psicoeducación en pacientes con depresión.* Ministerio de Sanidad y Asuntos Sociales, España, Madrid, 2012.

Beebe R.S. "Predicting Burnout, Conflict Management Style, and Turnover Among Clergy," *Journal of Career Assessment* 2 (2007) 257-265.

Aragonés E., López-Cortacans G., Badia W. Piñol J.L, Caballero A. "Abordaje psicoeducativo de la depresión en Atención Primaria. El modelo INDI", *Metas de Enfermería*, 14 (2011) 62-67.

Beinert, W. "La Problemática Cuerpo-Alma en Teología", *Selecciones de Teología»* 161 (2002) 39-5.

Bellon J.A., et al. "Predicting the onset and persistence of episodes of depression in primary health care. The predict D-Spain study: methodology", *BMC Public Health* 8 (2008) 256.

Berenzon S., Medina T.M. "Variables demográficas asociadas con la depresión: diferencias entre hombres y mujeres que habitan en zonas urbanas de bajos ingresos", *Salud mental*, 28 (2005).

Boff, L. *El cuidado esencial,* Madrid: Trotta, 2002

Bouttier M.et. al. "Vocabulario de las epístolas paulinas", Estella: Verbo Divino, 1996.

Buber, M. *Yo y tú,* Madrid: Caparrós, 1993.

Bueno A.," Sal de la ciudad, ve al desierto y permanece en él", *Revista Sal Terrae,* 96 (2008) 853-864.

Busquets, E. "Diferencias de género en el trastorno depresivo mayor", *Revista Electrónica de Psiquiatría.* 3 (1999).

Bertolote J.M, Fleischman A. "A global perspective in the epidemiology of suicide" *Suicidologi 7 (*2002) 6-8.

Butler R., et.al. "Depressive disorders", American *Family Physician* 73 (*2006) 1999–2004.

Castro E. *Hacia una pastoral latinoamericana*. San José, Costa Rica: Seminario Bíblico Latinoamericano, 1974.

Clebsch W.A, Jaekle C.R. *Pastoral Care in Historical Perspective*. New York: Harper & Row, 1964.

Commission Of The European Communities. *The state of the Mental Health in Europe*. European Communities, 2004.

Cooney G.M, et.al. "Exercise for depression", *Cochrane Database of Systematic*, 9 (2014).

Chávez E.M. "La huída de Elías al Horeb," *AnáMnesis,* 23 (2002) 5-15.

Dewa C.S, Goering P., Lin P. , Paterson, M. "Depression-related short-term disability in an employed population", *Journal of Occupational and Environmental Medicine,* 44 (2002) 628-633.

Dio E. "La depresión en la mujer" *Rev. Asoc. Esp. Neuropsiq* 39 (1991).

Edelwich J., Brodsky A. *Burnout: Stages of Disillusionment in the Helping Professions*. Nueva York: Human Sciences Press, 1980.

Elliott, J.H. *"Un hogar para los que no tienen patria ni hogar. Estudio crítico social de la Carta primera de Pedro y de su situación y estrategia"* Estella: Verbo Divino, 1995.

Ellis A., Lega I. "Como aplicar algunas reglas básicas del método científico al cambio de las ideas irracionales sobre uno mismo, otras personas y la vida en general", *Psicología conductual,* 1 (1993) 101-110.

Ellis, A. *Razón y Emoción en psicoterapia*. Bilbao: Desclee de Brouwer, 1980.

Fernández Peña, R. "Redes sociales, apoyo social y salud", *Periferia.* 3 (2005).

Fitzmeyer, J.A. *Romans. A New Translation with Introduction and Commentary*. New York: The Anchor Bible, 1993.

Gaminde I. ,Uria M., Padro D., Querejeta I. ,Ozamiz A. "Depression in three populations in the Basque country--a comparison with Britain", *Soc Psychiatry Psychiatr Epidemiol* 28 (1993) 243-251.

Gili M., Ferrer V., Roca M., Bernardo M. "Diferencias de género en un estudio epidemiológico de salud mental en población general en la isla de Formentera". *Actas Luso-Esp. Neurol. Psiquiatr.*, 26 (1998) 90-96.

Grelot J. *Hombre, ¿quién eres? Los once primeros capítulos del Génesis*, Verbo Divino, Estella, 1976, 22.

Grupo de Trabajo sobre el Manejo de la Depresión Mayor en el Adulto. *Guía de Práctica Clínica sobre el Manejo de la Depresión Mayor en el Adulto*. Ministerio de Sanidad y Asuntos Sociales, Madrid, 2014.

Grupo de Trabajo sobre Prevención y Tratamiento de la Conducta Suicida. *Guía De Práctica Clínica Sobre El Manejo De La Depresión Mayor en el Adulto*. Ministerio de Sanidad y Asuntos Sociales, Madrid, 2014.

Hammarström A., Lehti A. , Danielsson U., Johansson C. "Gender-related explanatory models of depression: a critical evaluation of medical articles", *Public Health* 10 (2009) 689-93.

Hegeman J.M, Kok R.M, Van Der Mast R.C, Giltay E.J. "Phenomenology of depression in older compared with younger adults: meta-analysis", *British Journal of Psychiatry,* 200 (2012) 275–281.

Heise E. *Cura de almas, el rescate de un concepto tradicional,* http://www.ekkehard-heise.de/html/poimenica.html

Hernandez-Bayona, I. "Fenomenología de algunos síntomas de la depresión", *Universitas médica* 48 (2007) 228-248.

Hernández Zamora I., *et al.* "Burnout y afrontamiento*", International Journal of Clinical and Health Psychology,* 4 (2004) 323-336

House, J. "Social Isolation Kills, But How and Why?" *Psychosomatic Medicine* 63 (2001) 273-274.

Kanai T.et al. "Time to recurrence after recovery from major depressive episodes and its predictors", *Psychological Medicine,* 33 (2003) 839–845.

Kessler K.L, et al. "The epidemiology of major depressive disorder: results from the National Comorbidity Survey Replication (NCS-R)" *Journal of the American Medical Association* 289 (2003) 3095–3105.

Kohn R. et al. "Los trastornos mentales en América Latina y el Caribe". *Rev Panam Salud Publica* 18 (2005) 229-239.

Kraus, H.J. *Los Salmos. Sal 60-150. Volumen II,* Salamanca: Sígueme, 1995.

Kupfer D.I, Frank, E., Phillips, M.L. "Major depressive disorder: new clinical, neurobiological, and treatment perspectives" *Lancet* 379 (2011) 1045–1055.

Lazarevich I., Mora-Carrasco F. "Depresión y género: factores psicosociales de riesgo" *Segunda época* 4 (2008) 8-16.

Lemos, J., et al. "Severe stress switches CRF action in the nucleus accumbens from appetitive to aversive". *Nature* 490 (2012) 402–406.

Léon-Dufour, X. *Vocabulario Teología Bíblica,* Barcelona: Herder, 1988.

Lépine J.P., Gastpar M., Mendlewicz J., Tylee A. "Depression in the community: the first pan-European study DEPRES (Depression Research in European Society)". *International Clinical Psychopharmacology,* 12(1997) 19–29.

Lieb, R.B., Hofler M., Pfister H., Wittchen H. "Parenteral major depression and the risk of depression and other mental disorders in offspring: a prospective-longitudinal community study", *Arch Gen Psychiatry* 59 (2002) 365-74.

Lin, A., Dean Y; Ensel W.N. (Eds.). *Social Support, life events and support,* Academic Press., New York, 1986.

León J.A. *Síntesis histórica de la Psicología Pastoral.* http://www.psicologiapastoral.com.ar/frame_completa.subaction=showfull&id=1193545925&archive=&start_from=&ucat=1.

Lummis, A.T. "What Do Lay People Want In Pastors? Answers from Lay Search Committee Chairs and Regional Judicatory Leaders". *Pulpit and Pew Research Reports,* 3 2003.

Llacer, A. Colomer, C. "Utilización de servicios sanitarios", En: Instituto de la Mujer. *Las mujeres y la salud en España. Informe básico,* Ministerio de Asuntos Sociales, Madrid, 1994.

López-Cortacans, G. *Todos juntos compartiendo la Mesa de Gracia www.lupaprotestante.com/.../1505-la-santa-cena-imesa-de-juicio-o-d.*

López Herrera H., *Incidencia del síndrome burnout en sacerdotes católicos latinoamericanos y su relación con la inteligencia emocional.* 2009. Tesis doctoral Universidad de Salamanca. Disponible en http://www.tdx.cat/handle/10803/21290

Jackson S.E., Schuler R.S. "A meta-analysis and conceptual critique of research on role ambiguity and role conflict in work setting Organizational", *Behavior and human decision process*, 36 (1985) 16- 78.

Maslach C. *Burnout: The cost of caring.* Englewood Cliffs, NY: Prentice Hall, 1982.

Maslach C. "Burn-out", *Human behavior*, 5 (1976) 16-22.

Matud P., Carballeira M., López M, Marrero R., Ibañez I. "Apoyo social y salud: un análisis de género.", *Salud Mental*, 25 (2002).

Mccracken, "Health service use by adults with depression: community survey in five European countries. Evidence from the ODIN study", *Br J Psychiatry* 189 (2006) 161-167.

McFague, S., *Modelos de Dios. Teología para una era ecológica y nuclear, Santander:* Sal Terrae, *1994.*

Melchior, M.et al. "Socioeconomic position predicts long-term depression trajectory: a 13-year follow-up of the GAZEL cohort study", *Molecular Psychiatry*, 18 (2013) 112–121.

Ministerio de Sanidad y Consumo. *Encuesta Nacional de Salud*, Madrid, 2006.

Moltmann J. *Diaconía en el horizonte del reino de Dios. Hacia el diaconado de todos los creyentes*, Santander: Sal Terrae, 1987.

Montero-Marin J. et. al. "Coping with Stress and Types of Burnout: Explanatory Power of Different Coping Strategies", *PLoS ONE*, 9 (2014).

Moreira, V. "Significados Posibles de la Depresión en el Mundo Contemporáneo. Una Lectura Fenomenológica *Mundana."PSYKHE* 116 (2007) 129-137.

Mueller, T.L et al. "Recurrence after recovery from major depressive disorder during 15 years of observational follow-up", *American Journal of Psychiatry*, 156 (1999) 1000–1006.

Nadeau, J.G., "Non! Le christianisme n'a pas dissocié l'âme et le corps ", *Prêtre et Pasteur,* 107 (2004) 194-202.

Paykel, E.S., "Life events, social support and depression" *Acta Psychiatrica Scandinavica, 377* (1994*) 50*-58.

Pine D.S, Cohen E, Brook J. "Adolescent depressive symptoms as predictors of adult depression: moodiness or mood disorder?", *The American Journal of Psychiatry*, 156(1999), 133–135.

Project of the European Association of Psychotherapy (EAP). *The professional competencies of a European psychotherapist.* http://www.europsyche.org/download/cms/100510/Final-Core-Competencies-v-3-3_July2013.pdf

Rice, H. *El Pastor como guía espiritual*, Barcelona: Portavoz, 1999.

Regier D., et al. "One-month prevalence of mental disorders in the United States. Based on five Epidemiologic Catchment Area sites", *Archives of General Psychiatry* 45 (1988) 977–986.

Ruíz, E.R., "El Salmo 88 y el enigma del sufrimiento humano", *Revista Bíblica* 61 (1999) 209-247.

Sanz E. "Creer y recordar. Dios e Israel en el desierto", *Revista Sal Terrae*, 96 (2008) 813-824.

Schelkle, K. *Teología del Nuevo Testamento*, Barcelona: Editorial Herder, 1975.

Schoekel A. *Treinta salmos: poesía y oración,* Madrid: Cristiandad, 1981.

Serrano-Blanco, A., et al. "Prevalence of mental disorders in primary care: results from the diagnosis and treatment of mental disorders in primary care study (DASMAP)", *Social Psychiatry and Psychiatric Epidemiology* 45(2009) 201–210.

Sobocki P., Jönsson B., Angst, J, C. Ehnberg, C. "Cost of depression in Europe", *Journal of Mental Health Policy and Economy*, 9 (2006) 87–98.

Stanton R., Reaburn P. "Exercise and the treatment of depression: A review of the exercise program variables", *Journal Science Medical Sport,* 17 (2014) 177-182.

Stam, J. "Creación, ética y problemática contemporánea", Teología y cultura, 1 (2004) 21-33.

Swinton, J. *Resurrecting the person. Friendship and the care of people with mental health problems*, Nashville: Abingdon Press, 2000.

Szentmártoni, M. *Manual de Psicología Pastoral*; Salamanca: Sígueme, 2003.

Torres Martínez, C., et al. "Psicofármacos en Atención Primaria: calidad de la prescripción", *Atención Primaria* 11 (1993) 385-387.

Torres Queiruga A. *Creo en Dios Padre. El Dios de Jesús como afirmación plena del hombre.* Sal Terrae: Santander, 1986.

Torres-Queiruga, A. *Recuperar la Salvación*, Santander: Sal Terrae, 1995.

Uchino B.N., et al. "The relationship between social support and physiological processes: a review with emphasis on underlying mechanisms and implications for health", *Psychol Bull,* 3 (1996) 488-531.

Van Grieken R.A. et al. "Patients perspectives on how treatment can impede their recovery from depression" 167 (2014) 153-159.

Weissman M., Olfson M. "Depression in women: implications for health care research", *Science* 269 (1995) 799 – 801.

WHO, *Gender and mental health*, Geneva 2002.

Woods, G. *Un comentario sobre la epístola de Santiago*, Nashville: Gospel Advocate, 1965.

Zamora García, Pedro. *Reyes I. La fuerza de la narración*, Estella-Navarra: Verbo Divino, 2011.

Zúñiga, H.J. "Una aproximación a la antropología veterotestamentaria: Imagen que manifiesta el Rostro de Dios", https://www.academia.edu/3580269/Una_antropolog%C3%ADa_b%C3%ADblica_el_Rostro_presente_en_los_rostros

DATOS DEL AUTOR

GERMÁN LÓPEZ-CORTACANS: Doctor en Ciencias de la Salud, Universidad Rovira i Virgili, Tarragona, España. Doctorando en Teología, Universidad Murcia. Realiza su trabajo de investigación sobre "la *imago Dei* en las personas con discapacidad intelectual", dirigido por el Dr., Lluís Oviedo OFM, Pontificia Universidad Antoniorum, Roma. Especialista en Enfermería en Salud Mental, Universidad de Barcelona; Graduado en Teología, Facultad Teología protestante-SEUT, Madrid.

Investigador del Grupo de Salud mental de la Unidad de Investigación en Atención Primaria, Tarragona, España. Forma parte de Comité Técnico y evaluador de la *Evaluación de la Estrategia en Salud Mental del Sistema Nacional* y *de la Guía de Práctica Clínica de la Depresión en Adultos* y *Guía de Práctica Clínica de prevención y tratamiento de la conducta suicida,* del Ministerio de Sanidad, Política Social e Igualdad, España.

Es miembro de una iglesia evangélica en Barcelona, IEE (Iglesia Evangélica Española, Metodistas-presbiterianos).

www.ingramcontent.com/pod-product-compliance
Lightning Source LLC
Chambersburg PA
CBHW072346090426
42741CB00012B/2948